パラリンピックと共生社会

2020東京大会のレガシーとは何か

久田 満 編著

明石書店

はじめに

久田　満

　2013年9月，「東京2020オリンピック・パラリンピック大会」が決定した。これを受け，数年の準備期間ののち，上智大学では2016年4月に「学内横断的教職協働プロジェクト」として，ソフィア・オリンピック・パラリンピック・プロジェクト（SOPP）が発足した。このプロジェクトの目的は，オリンピックやパラリンピックの開催意義を理解し，直接的・間接的に開催を支援し，ボーダーレスな社会の実現を展望する機会を上智大学の構成メンバーのみならず，広く一般市民に提供することであった（上智学院 ソフィア・オリンピック・パラリンピック・プロジェクト活動報告書, 2022）。

　このプロジェクトの統括責任者を務めた編者（久田）は，パラリンピックに注目した。なぜならパラリンピックは，人間の多様性を尊重し，障害の有無にかかわらず誰もが個性や能力を発揮し，積極的に参加できる社会，すなわち「共生社会」の実現をビジョンとして掲げているからである。

　東京で開催されることになったパラリンピックによって，東京が，そして日本全体が「共生社会」に向けて変化していくのだろうか。このリサーチクエスチョンの下，SOPP のメンバーであった教員のなかから有志を募り，パラリンピックの開催がもたらすレガシーを掘り起こす調査研究を開始した。

　幸運にも，この調査研究の意義に賛同して下さった，あいおいニッセイ同和損害保険株式会社（代表取締役社長 金杉恭三氏：当時）よ

り資金面のサポートが受けられることとなり，2020年4月に「上智大学多文化共生社会研究所」を設立することができた。本書は，その研究所に所属する所員（当時）によって実施された研究の成果を中心に，学生や一般市民にもわかりやすいように執筆されたものである。

　本書でも述べられているように，「共生社会」という言葉には様々な意味が伴っている。そもそも「共生」という用語は生物学に由来し，2つの生物種が一緒に生きる，あるいは一緒に棲むという価値中立的な状況を意味している。そこには，双方に利益がある場合（相利共生）もあれば，どちらか1つの種にのみ利益がある場合（片利共生）もある。寄生虫は片方の生物に侵入し，栄養を奪い取る。さらには，片方の種を餌にして自らの生存率を高めようとする場合も「共生」である。

　動物や植物，細菌やウイルスなどの「共生」は，大自然の生態系を保全するという目的にかなったものであるが，もし人間の1つの集団が別の集団を取り込んだり，利用したり，さらには自らの集団の結束力を高めるために，もう一方の集団を消滅させることとなるとどうだろうか。理性ある人間は，そんなことはしないと言い切れるのだろうか。無自覚に，自分が所属する集団の規律や常識を他の集団に押しつけてはいないだろうか。

　本書を通して，そのような問いかけに答えられる人，「共生」と相反する「偏見」や「差別」に対して少しだけでも敏感になれる人，積極的に「共生社会」の実現に貢献しようとする人，そのような人が1人でも多くなるような社会に日本が向かっていくことを，執筆者一同，願っている。

　最後に，本書の出版に至る過程のなかで，多くの適切な助言と心強い支えを賜りました明石書店の柳澤友加里さんに衷心より感謝申し上げる。

パラリンピックと共生社会

2020東京大会のレガシーとは何か

目次

第2部　障害者スポーツと共生社会

第3章　リハビリテーションとスポーツ

石川ふみよ

第4章　パラリンピックの歴史と開催意義

谷口広明

第5章　パラリンピック難民選手団からみえてくるもの

子安昭子

第6章　地域社会とパラスポーツ
　　　　──「心のバリアフリー」に取り組む企業の事例

倉田秀道

第3部　公開シンポジウムの記録

第7章　パラリンピックの開催が障害者イメージに及ぼす影響
　　　　──4,000人の追跡調査から

久田満

第8章　東京2020パラリンピック大会のレガシーとは何か

終章　残された課題

久田満

第 1 部
共生社会と障害者

　第1部は，共生社会や障害，あるいは障害者という基本的概念についての理解を深めることが狙いとなっている。

　第1章では，そもそも「共生社会」とはどんな社会なのかについて論じられる。今では誰もが知っている言葉（ワード）ではあるものの，その意味することは領域によって，あるいは使用者によって異なっている。つまり，誰，あるいは何との共生なのかについても曖昧なまま使われる言葉でもある。そのことを理解したうえで，なぜ日本では「共生社会」の実現が困難な課題となっているのか，障害のある人々をめぐる状況についての理解を深めつつ考えて欲しい。

　第2章では，障害学（Disability Studies）および生態人類学の立場から，「障害」や「障害者」とは何かについて掘り下げて解説する。医療（個人）モデルと社会モデルとの対比，アフリカ（カメルーンやコンゴ）におけるフィールドワークから得られた知見，さらには「障害」の多様性が提示される。

共生社会とは何か

障害のある人々をめぐる「共生」に焦点をあてて

新藤こずえ

第1節 「共生」概念が用いられる文脈

　近年，「共生」という言葉がさまざまな領域で使われている。しかし，その言葉の意味するところは，その領域によって，またその言葉の使用者によって異なっていることが少なくない。「誰」あるいは「何」との「共生」であるのか。障害のある人との共生，自然との共生，外国につながる人との共生，さまざまな性自認の人との共生，さまざまな民族間の共生といった文脈で用いられ，「共生」という言葉は人々が目指すべき方向性や規範として，また，多くの人が共感するスローガンのようなものとして使われている。

　しかし，共生とは「差異性をもった人々（や自然）が差異性を維持しながら互いに対立しあうことなく共存しうる状態」（小内，2007: p.4）であり，そのため，「差異をもった人間や事物を，それらの対立から生じる問題や矛盾の激化を回避することによって維持し発展させようとする，共通の問題意識に立脚している」（小内，1999）といえ

る。したがって，共生のためには，「差異性をもった人々」と差異性の対立から生じる問題や矛盾の存在を認識する必要がある。だが，「『共生』とはマイノリティ側の関与を欠落させたまま，どこまでもマジョリティ側のペースで一方的に語られる論理に過ぎない」（倉石，2016）という批判もなされている。なぜならば，マイノリティは日々，マジョリティとの「共生」を強いられ，それが日常と化しているのであり，多文化共生という概念はこうしたマジョリティとマイノリティの非対称性から目をそらし，不平等を覆い隠すものだからである（倉石，2016）。

　日本における外国につながる人々や先住民族を対象に調査を行ってきた小内は，「『多文化共生』ないし『共生』という美しい言葉のうらに，『同化』という意味が内包されている」（小内，2007: p.3）と指摘している。したがって，「共生」という言葉の持つ意味は，人々がおかれた立場によって捉え方が異なるものだという理解を前提とした議論が必要である。

　本章では「差異性をもった人々」として障害のある人々を措定し，共生社会について検討するが，障害の有無による人々の非対称性や不平等性を無視し，「健常者」との「同化」を障害のある人に求めることによって共生社会の実現を図る方向になっていないか，障害のある人々をめぐる「共生」が語られる文脈について注意深く考察することが求められるだろう。

第2節　マジョリティから見た障害のある人々と共生社会

　ここでは，障害のある人々と共生社会について考える手がかり

として，内閣府が実施した「障害者に関する世論調査（令和4年）[1]」（2022）（標本数：3,000人）の結果を参照しながら考察する。

　まず，障害のある・なしにかかわらず，誰もが社会の一員としてお互いを尊重し，支え合って暮らすことを目指す「共生社会」という考え方を知っているかについては，「知っている」が48.5%，「言葉だけは聞いたことがある」が31.5%，「知らない」が19.3% となっていることから，「共生社会」という考え方の周知度は約8割にのぼっている。「障害のある人が身近で普通に生活しているのが当たり前だ」という考え方については，「そう思う」が93.9% となっており[2]，多くの人が障害のある人が地域で生活することについては当たり前のことだと捉えていることがわかる。障害のある人が困っている時に手助けをした経験については，「ある」が61.9%，「ない」が36.7% となっていた。

　一方で，世の中には障害のある人に対して，障害を理由とする差別や偏見があると思うかについては，「あると思う」が88.5%，「ないと思う」が9.8% となっている[3]。ただし，障害を理由とする差別や偏見が「あると思う」とする者（1,562人）は，5年前と比べて障害のある人に対する差別や偏見は改善されたと思うかについて「改善されたと思う」が58.9%，「改善されていない」が40.4% となっていた[4]。また，5年前と比べて障害者施策は進んだと思うか聞いたとこ

1　内閣府が1987年からおおむね5年ごとに実施している調査である。

2　「そう思う」とする者の割合93.9%（「当たり前だと思う」64.8% +「どちらかといえば当たり前だと思う」29.1%），「そう思わない」とする者の割合5.6%（「どちらかといえば当たり前だと思わない」4.1% +「当たり前だと思わない」1.4%）

3　「あると思う」とする者の割合88.5%（「あると思う」47.5% +「ある程度はあると思う」41.0%），「ないと思う」とする者の割合9.8%（「あまりないと思う」7.5% +「ないと思う」2.3%）

4　「改善されている」とする者の割合58.9%（「かなり改善されている」9.5% +「ある程度改善されている」49.4%），「改善されていない」とする者の割合40.4%（「あまり改善されていない」34.2% +「ほとんど改善されていない」6.2%）

ろ，「進んだと思う」が62.5%，「進んでいないと思う」が31.5%と
なっている[5]。このことから，障害を理由にする差別や偏見はある
と考える人であっても，改善されてきていると考える人が約6割お
り，障害者施策についても約6割の人は進んできていると捉えている
ことがわかる。

　また，前回の同調査は，さまざまな国と地域から多くの障害者が
参加する東京2020パラリンピック大会（実施は2021年）の開催に対し
て，どのような効果を期待するかについて質問している。その結
果，最も期待の割合が高いものとしては「大会に参加した障害者
自身の喜びや，競技を観た障害者の自信や勇気につながること」で
35.5%，次いで「パラリンピックを契機として，日本の障害者への施
策や取組が向上すること」が31.1%，「障害や障害者に対する世界的
な理解促進につながること」が19.1% であった。東京パラリンピッ
ク後の障害者に対するイメージの変化については，上智大学多文
化共生社会研究所が実施した調査の結果をまとめた第7章に譲ると
して，世論調査では，障害や障害者に対する理解促進すなわち障害
をもたない健常者（＝社会のなかのマジョリティ側）の変化よりも，パ
ラリンピアンや他の障害者（＝社会のなかのマイノリティ側）の変化を
期待しているところが，マジョリティ側の論理から見た人々の「共
生」概念であると読み取ることができる。障害のある人々を差別・
排除してきた歴史を考慮すれば，障害のある人々のエンパワメント
が重要であることはいうまでもないが，社会の制度や慣行，観念と
いった社会的障壁の変化に期待するよりも，障害者自身が変化する
方向での「共生」を期待することを示唆する結果であると考えられ

5　「進んだと思う」とする者の割合62.5%（「かなり進んだと思う」11.0% ＋「ある程度進
んだと思う」51.5%），「進んでいないと思う」とする者の割合35.5%（「あまり進んでいない
と思う」31.5% ＋「ほとんど進んでいないと思う」4.0%）

る。そのため，マジョリティ側の論理を乗り越えるための取り組み
が求められる。

第3節　「共生社会政策」における障害児者

　そもそも人類史のなかで，障害のある人々はどのような位置に
あったのか。鈴木は，ヨーロッパや中東，日本における原始時代の
遺跡から，障害があっても天寿を全うした人の骨が数多く発掘され
ていることから，人類史の大半を占める原始共産制社会の末期にお
いて，障害のある人たちはそうではない人たちと「共生」していた
と結論づけている（鈴木, 2017）。しかし，古代専制国家成立から資本
制社会の今日に至るまで，障害者は「排除」されているとし，1953
年にバンク‐ミケルセンによってノーマライゼーションが提起され
た以降を「共生の復興（ルネサンス）期」と位置づけている（鈴木,
2017）。
　日本においては，1970年代以降，重度障害者による自立生活運動
や，知的障害者の人権を擁護するノーマライゼーション思想が広が
りをみせたが，これらは障害者の自立を，ADL（Activities of Daily
Living：日常生活動作）の自立の重視からQOL（quality of life：生活の
質）向上を目指すものへと見直す必要性を迫るものであった（新藤,
2013）。なお，ノーマライゼーションには，「同化としてのノーマラ
イゼーション」と「異化としてのノーマライゼーション」の2つの
側面が考えられるとして，佐藤（2000）は，この二側面を次のよう
に解説している。「第1は，入所施設による収容隔離政策への反省で
あり，障害者の生活を一般の市民生活に近づけていくことを目標に
する考え方で，これをノーマライゼーションの同化的側面と呼んで

いる。(中略) 第2は，障害者に生じている不平等に対して行政が積極的に介入し，障害者向けの特別なサービスの提供によって，障害者を含んだすべての国民の実質的な平等の保障をめざす考え方であり，これをノーマライゼーションの異化的側面と呼んでいる」(佐藤, 2000: pp.56-57)。つまり，特別なケアの提供（異化）によって障害のある人々がノーマルな生活を送ることができるようになる（同化）社会がノーマルな社会であるという考え方である。こうしたノーマライゼーションの主張は，「ケアの保障による共生社会像を提示したもの」といえよう（鈴木, 2017）。ここでいう「ケアの保障」とは，障害児者のための介護や介助といった直接的なケアのみならず，そのケアを社会制度として保障するといった意味も含まれている。政治学者のジョアン・C・トロントは，ケアを「できるかぎり善く生きるために，この世界を維持し，継続させ，そして修復するためになす，すべての活動」と定義している（Tronto = 岡野, 2020）。また，ケアの倫理に関する論文で，ケアは母親の仕事の伝統的な領域，福祉機関，または雇われた家事使用人に限定されるのではなく，家庭，市場で販売されているサービスや商品，現代生活における官僚組織の働きにもあり，これらすべての領域に見られるものであるとして，ケアを幅広いものとして捉えている（Tronto, 1998）。

　日本におけるノーマライゼーションを実現するための社会の仕組みとしては「共生社会政策」があるが，障害児者のみならず，子どもや高齢者も含めたすべての人々が主体的に社会参画する「地域共生社会」を目指すものとされている。主旨としては，地域の支え合いで福祉的課題の解決を図るものである。1970年代から社会福祉の基盤はコミュニティにおくようになってきたものの，地域コミュニティの希薄化や崩壊といった状況はさまざまなデータから示されており，「社会福祉の立場から地域福祉やコミュニティケアが主張さ

れ論じられてもコミュニティの現実はこれに応じられるものではなかった。それどころか現実はコミュニティの崩壊過程が急激に展開していった」という指摘もある（野口，2016: p.76）。また，入所や入院によって地域から見えない状況におかれていた障害者の地域生活を困難にする背景には，施設コンフリクトの問題に象徴される「地域における排他性」（橋川，2021）がある。

　精神障害者施設の設置反対運動は，1980~2000年で145件，2000~2010年で26件にのぼるという（野村，2018）。野村によれば，「施設建設への反対理由に関しては，各年代に共通して『住民の精神障害者観に基づく恐怖』や『不安』といった理由」が見られ，「1970年代から2000年代に至るまで，地域住民の抱く『障害者観』には大きな変化がみられないことが推察」されるとしている（野村，2018: pp.36-40）。先に見た世論調査では，「障害のある人が身近で普通に生活しているのが当たり前だ」という考え方については，「そう思う」とする者の割合が93.9%であるが，近年わが国では子どもが通う保育園の建設についても住民の反対運動が起こるような状況であり，近所に障害者施設が作られることについては，反対する人々が少なくないことが推察される。建て前としては「共生」への同意はできるが現実的には難しいということであろう。そのため，「地域共生社会」というスローガンを具体化するための取り組みが求められている。地域における排他性を乗り越えるための取り組みとして，社会福祉協議会を中心とした福祉教育がある（橋川，2021）。全国ボラン

6　2016年に閣議決定された「ニッポン一億総活躍プラン」では，「子供・高齢者・障害者などすべての人々が地域，暮らし，生きがいを共に創り，高め合うことができる『地域共生社会』を実現する」とし，内容に「地域共生社会」という言葉が盛り込まれた。厚生労働省によれば，「「地域共生社会」とは，制度・分野ごとの『縦割り』や「支え手」「受け手」という関係を超えて，地域住民や地域の多様な主体が『我が事』として参画し，人と人，人と資源が世代や分野を超えて『丸ごと』つながることで，住民一人ひとりの暮らしと生きがい，地域をともに創っていく社会を目指すものである」としている。

ティア・市民活動振興センター（2019）が発行した『地域共生社会に向けた福祉教育の展開——サービスラーニングの手法で地域をつくる』では，地域住民や学校の児童生徒を対象とした福祉教育の実践事例が紹介されている。特に，学校との連携・協同については，学校教育における福祉教育の展開が具体的に示されている。もちろん，学校で福祉教育を展開し，そのなかで障害のある人々への理解を図る取り組みは重要である。しかし，児童生徒に対して障害者理解を福祉教育として実施しなければならない背景には，そもそも障害のある子どもと障害のない子どもが高度に分離した状況で教育を受けていることがある。子ども期に障害のある人と関わる機会を「特別な授業」として設けるのではなく，日常生活のなかで出会うことが重要である。そのための有力な方法として，各国で取り組まれてきたインクルーシブ教育がある[7]。

　日本では，障害者権利条約に批准したのち，教育分野において障害のある子どもが障害のない子どもとともに教育を受けるというインクルーシブ教育システム構築の理念を実現するため，中央教育審議会初等中等教育分科会が，「特別支援教育の在り方に関する特別委員会報告」（2012年）を提出した。そのなかで，「共生社会」を次のように説明している。

・「共生社会」とは，これまで必ずしも十分に社会参加できるような環境になかった障害者等が，積極的に参加・貢献していくことができる社会である。それは，誰もが相互に人格と個性を尊重し支え合い，人々の多様な在り方を相互に認め合える全員参加型の社会である。このような社会を目指すことは，わが国において最

7　たとえば是永（2017）

も積極的に取り組むべき重要な課題である。

・障害者権利条約第24条によれば，「インクルーシブ教育システム」（inclusive education system，署名時仮訳：包容する教育制度）とは，人間の多様性の尊重等の強化，障害者が精神的及び身体的な能力等を可能な最大限度まで発達させ，自由な社会に効果的に参加することを可能とするとの目的の下，障害のある者と障害のない者がともに学ぶ仕組みであり，障害のある者が「一般的教育システム（general education system，署名時仮訳：教育制度一般）から排除されないこと，自己の生活する地域において初等中等教育の機会が与えられること，個人に必要な「合理的配慮」が提供される等が必要とされている。

・共生社会の形成に向けて，障害者の権利に関する条約に基づくインクルーシブ教育システムの理念が重要であり，その構築のため，特別支援教育を着実に進めていく必要があると考える。

　このように，教育分野においては，障害のある者とない者がともに学ぶことがインクルーシブ教育システムであり，その取り組みを通して「共生社会」を実現するものとされている。しかし，近年の日本において，インクルーシブ教育が進んでいるとは言い難い状況にある。たとえば，日本では少子化の状況下にあっても特別支援教育の対象となる障害のある子どもは増加しているが，[8]「2000～2020年の間，特別支援学校の在学者数と特別支援学級の在籍者数は増加を続け，それに伴い，分離率も上昇し続けている」（中山，2022）という指摘や，文部科学省（2022）「『教師不足』に関する実態調査」

8　小中学校の特別支援学級で学ぶ子どもは，2022年度では2006年度の約3.4倍となる約35万3,000人（文部科学省，2023a），小中学校で通級による指導を受ける子どもは，約4.4倍の約18万2,000人に急増している（文部科学省，2023b）。

では，特別支援学級の学級担当について，臨時的任用教員の割合は通常学級より高いことが明らかにされている[9]。つまり，障害のある子どもとない子どもの分離が進んでいるが，障害のある子どもの特性に合った教育を行う教師が不足しており，個人に必要な「合理的配慮」がされにくい状況にある。共生社会の実現に資することが国際的に認められ推進されているインクルーシブ教育だが，わが国においては，その理念と実態に乖離があるといわざるを得ない状況である。このような分離された教育が行われている現状に対し，2022年，日本政府は国連の障害者権利委員会から障害のある子どもがインクルーシブ教育を受けられるようにすべきであると勧告を受けた[10]。このことは，障害のある子どもについての教育のあり方のみならず，通常教育を受ける子どもたちをめぐる問題，たとえば，他の先進国と比較して教員1人あたりの担当児童数が多いこと，教員の業務過多とメンタルヘルスの問題，日本の「学校文化」が多職種連携で子どもを支援することを阻害している可能性についても関わってくるものである。つまり，インクルーシブ教育について考えることは，障害のある子どもと障害のない子どもを分離した教育のあり方について検討を促すことだけでなく，教育そのもののあり方も含め

9　文部科学省（2022）「『教師不足』に関する実態調査」における，小学校の学級担当について，正規教員の人数は237,099人（88.40％）であり，臨時的任用教員は30,826人（11.49％）であった。一方，うち特別支援学級の学級担当において，正規教員は39,164人（76.17％）であり，臨時的任用教員は12,182人（23.69％）であった。中学校の学級担当について，正規教員は101,750人（90.72％）であり，臨時的任用教員は10,402人（9.27％）であった。一方，うち特別支援学級について，正規教員は16,750人（76.03％）であり，臨時的任用教員は5,276人（23.59％）であった。

10　勧告は，インクルーシブ教育に関する第24条のほか，第19条に関して脱施設化と地域生活への参加についての対応が不十分であることが強調されていた。また，一般原則と義務（第1条〜4条）に関して日本の障害者施策が障害者に対してパターナリズム的であることなど，特定の権利（第5条〜30条）に関して障害者差別解消法における障害者の定義が限定的であるといった懸念が示され，対応を勧告された。

て再検討を迫るものであるといえるだろう。

第4節　共生社会実現の切り札とは？
——大学での教育活動としての取り組み

　先の世論調査においては，障害のある人に関わる行事や催しについて，高年齢層よりも若年齢層のほうが，参加意欲が高いことが示されている。そういった意味では，子ども期のインクルーシブ教育の経験の有無にかかわらず，共生社会実現に資する取り組みを大学における教育活動の一環として行うことは意義のあることであろう。東京2020オリンピック・パラリンピック開催にあたり，上智大学ではさまざまな取り組みを行ってきた。詳細は，「ソフィア オリンピック・パラリンピック プロジェクト活動報告書2016-2022」（上智大学，2022）にまとめられているが，筆者がコーディネーターを担当した「共生社会創生論」（全学共通科目）は，オリンピック・パラリンピックの東京開催を契機に開設された科目であり，上智大学における「インクルーシブ社会を目指すための教育推進プログラム」の導入科目となっている。ただし，このプログラムは，東京2020オリンピック・パラリンピック競技会をゴールとするのではなく，その先の共生社会の構築に向けた人材育成を到達目標としている。「共生社会創生論」が取り扱った講義テーマは次のとおりである（2022年度の例）。

・障害のある人を取り巻く社会情勢と生活実態
・障害者とマスメディア
・アフリカに暮らす障害者の生活

・障害者スポーツ論
・リオパラリンピック視察から考える共生社会
・重症心身障害児を持つ母親の心理と支援
・障害のある子どものきょうだい支援
・障害者の自立と表現活動の可能性
・障害の有無を超えた芸術活動
・インクルーシブコミュニケーション（障害当事者のゲストスピーカー）
・共生社会創生論の可能性

　この科目では，講義形式を中心としながらも受講者同士が意見交換を行ったり，ワークシートへの記入・発表を行う演習形式を部分的に取り入れたりしながら授業を展開した。ここでは，2021年度と2022年度に実施した「共生社会に関するアンケート」を手掛かりに，受講前と受講後での意識の変化を見る。なお，アンケートの回答は任意とし，googleform を用いて個人が特定されない形で回答を得た。本科目の履修者は各年度100人であり（抽選科目のため），回答者数は，2021年度は受講前89人，受講後35人，2022年度は受講前86人，受講後40人であった。アンケート項目は基本的属性も含めて11項目であったが，ここでは，障害のある人と関わった経験と，受講後の障害者に対するイメージの変化について見ていく。
　まず，受講前アンケートでの障害のある人と関わった経験については，「ある」（48.3%・46.5%），「ある程度ある」（25.8%・19.8%），「あまりない」（22.5%・26.7%），「ない」（2.2%・5.8%）であり（カッコ内の％は2021年・2022年のデータ），2021年・2022年ともに，7割前後の学生が障害のある人と関わったことがあると回答している（図1-1，1-2）。一方で，障害のある人と関わったことが「ない」という学生もいた。また，受講前の障害のある人に対するイメージ（自由回答）をユー

ザーローカル社のAIテキストマイニングを用いて分析を行った結果，暮らしにくさや，生きにくさ，生きづらい，差別，といったネガティブな回答が多かった半面，個性，たくましい，前向き，努力家といったポジティブな見方や，合理的配慮といったイメージについても複数の回答があった（図1-3，1-4）。

受講後の障害のある人に対するイメージの変化については，「かなり変化した」（40.0%・52.5%），「少し変化した」（34.3%・35.0%），「あまり変化しなかった」（25.7%・10.0%），「変化しなかった」（0.0%・2.5%）であり，いずれの年度も，7~8割の学生が，障害のある人に対するイメージが変化したと回答している（図1-5，1-6）。なお，2021年度はオンデマンド形式で授業を実施している。2022年度のほうがより変化したと回答した学生が多いのは，障害当事者のゲストスピーカーを招いて対面で授業を実施したことが影響していると考えられる。

●障害のある人と関わった経験がありますか

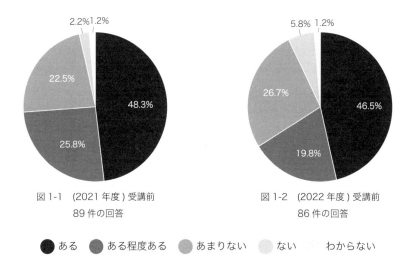

図 1-1 （2021 年度) 受講前
89 件の回答

図 1-2 （2022 年度) 受講前
86 件の回答

●ある ●ある程度ある ●あまりない ●ない わからない

●障害のある人に対するイメージ（自由回答）

＊分析には AI テキストマイニング by ユーザーローカル（userlocal.jp） を使用

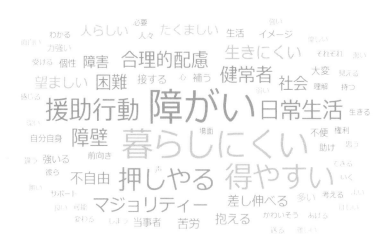

図 1-3 （2021 年度）受講前

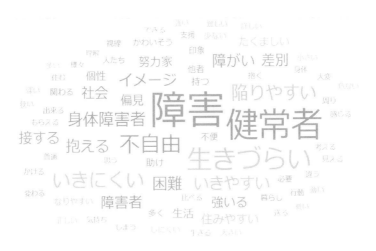

図1-4 （2022 年度）受講前

● 「共生社会創生論」を受講して，障害のある人に対するイメージは変化しましたか

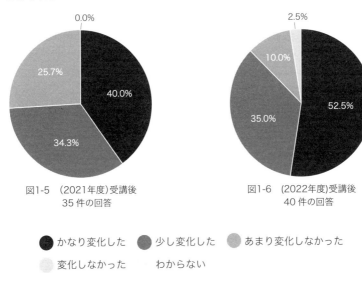

図1-5 （2021年度)受講後
35 件の回答

図1-6 （2022年度)受講後
40 件の回答

● かなり変化した ● 少し変化した ● あまり変化しなかった
● 変化しなかった 　 わからない

表1-1　受講後，障害のある人に対するイメージはどのように変化しましたか（障害のある人に対するイメージが変化したという回答者のみ，自由記述）（2021年度・2022年度，一部抜粋，原文ママ）

- 障害のある人は，可哀想だとか，沢山の苦労をしている，などの印象が初めは大きかったが，受講後は，そのような印象の植え付けは偏見に当たるものだと思った。障害者という枠組みで考えず，自分達と分け隔てない存在として捉えていきたいと思った。
- 障害はその人の特徴の一つに過ぎず，障害があるから一般の人と同じように生活できないはずだと決めつけること自体がその方の障害となっているのであって，障害を持つ人も持たない人と同じように自分の意思で自分の人生について決める権利があるという考えを持つようになった
- 自分が想像している以上に，前向きに生きている人が多かった印象。以前は，もっとネガティブな感情を持っているのではないか，と勝手に決めつけていた。
- アール・ブリュットなどで独創的な作品を創り出しているアーティストがいることを知った。
- 環境が良ければ，障害を感じさせないような生活ができること。
- 私の知っている以上に現実は厳しいことを知ったから。
- これまでは心のどこかで望んでいない障害を持っていることは「かわいそう」と捉えてしまっていた部分がありましたが，障害を持つ人々は必ずしもそうであるとは限らず，むしろこうした捉え方が彼らを苦しめてしまっているということを学べたからです。
- 健常者という立場からみた障害者というのではなく，誰もが一人の人間であるというように見ることができるようになった。
- 今まで合理的配慮を学ぶことばかり意識していたが，実際に交

流しなければ理解できないという当たり前について気がつくことができた。
・視覚障害にも，人それぞれ，さまざまな不自由があるということ。障害があっても，周りの人の助けを借りることで，自立生活を送ることができるということ。
・人によって違うが，障害のある方はかなり前向きに生活している方が多いというイメージに変わった。
・障害のある人は精神的な弱さが多々あると考えていた。しかし，講義を受け，生活における辛さを感じている人はいたが，健常者が思っているよりも障害のある方は強さがあるということが分かった。
・自分の中での障害のイメージがすごくネガティブなものから少々ネガティブなものぐらいになった気がする。障害は社会が作り上げている部分が大きいのだと考えさせられた。
・障がい者の方と健常者という無意識にあった区別がなくなった
・障害を抱える人は，自身の障害に対してよく理解している。やはり，障害があるのは社会の側であると再認識することが出来た。
・当たり前だが，障害を背負ったかわいそうな人ではなく，日常を生きる一人であること
・弱視の方のお話を伺ったことで，名称としては同じ障害でも程度や内容，適切な支援が全く異なるということがよくわかったから。
・障害の有無関係なく，誰しもが感情をもっていて，彼らなりの生活を送っている事実に気づき，それまでの彼らに対する自分の中の障壁に気づきました。

　受講前と受講後の回答者数には差があるものの，受講後の自由回答の内容からも，回答者の多くが「共生社会創生論」を受講して，障害のある人に対するイメージが変化したことが伝わってくる。本

科目は，東京2020オリンピック・パラリンピック競技会を契機に開設した科目であるものの，学生によって受講動機はさまざまである。しかし，これまでの人生で障害のある人と関わった経験がない学生も少なくないなかで（障害があるとされた子どもとそうでない子どもが高度に分離された形で教育が行われた結果でもある），本科目は共生社会を考えるきっかけになったのではないだろうか。ノーベル文学賞を受賞したカズオ・イシグロは，インタビューで下記のように述べている。

> 俗に言うリベラルアーツ系，あるいはインテリ系の人々は，実はとても狭い世界の中で暮らしています。東京からパリ，ロサンゼルスなどを飛び回ってあたかも国際的に暮らしていると思いがちですが，実はどこへ行っても自分と似たような人たちとしか会っていないのです。（中略）地域を超える「横の旅行」ではなく，同じ通りに住んでいる人がどういう人かをもっと深く知る「縦の旅行」が私たちには必要なのではないか…自分の近くに住んでいる人でさえ，私とはまったく違う世界に住んでいることがあり，そういう人たちのことこそ知るべきなのです。

　学生のみならず，少なからぬ人々がこれまでの人生で障害のある人と関わった経験がないということの背景には，「横の旅行」を経験することはあっても，「縦の旅行」を経験することがないという分断の時代を生きているということなのかもしれない。共生社会の創生のためには，障害のある人々のことだけでなく，多文化，ジェンダー，難民，宗教，民族など，差異性をもった人々との間に横たわる多岐にわたる問題に向き合わなければならない。それは，「縦の

旅行」をすることである。「差異性をもった人々」とともに生きることが豊かな社会であり，それが共生社会であると実証していくことが，私たちに課せられているのではないだろうか。

引用・参考文献

中央教育審議会初等中等教育分科会（2012）「特別支援教育の在り方に関する特別委員会報告」

橋川健祐（2021）「地域共生社会政策に対する批判的検討と今後の課題に関する予備的考察」『金城学院大学論集. 社会科学編』17（2），pp.31-40.

中山忠政（2022）「なぜ，教育におけるインクルージョンは，進まないのか」『社会福祉学研究』19，pp.77-88

野口定久（2016）『人口減少時代の地域福祉——グローバリズムとローカリズム』ミネルヴァ書房

野村恭代（2018）『施設コンフリクト——対立から合意形成へのマネジメント』幻冬舎ルネッサンス新書

是永かな子（2017）「北欧を中心としたインクルージョンおよびインクルーシブ教育の現状と課題」『教育学研究』84（3），pp.299-310.

倉石一郎（2016）「日本型「多文化共生教育」の古層——マイノリティによる立場宣言実践によせて」『異文化間教育』44，pp.65-81.

倉沢美左（2021年3月4日）「カズオ・イシグロ語る『感情優先社会』の危うさ——事実より『何を感じるか』が大事だとどうなるか」東洋経済オンライン https://toyokeizai.net/articles/-/414929?display=b（2023年1月9日閲覧）

文部科学省（2023a）「令和4年度学校基本調査」

文部科学省（2023b）「通級による指導実施状況調査結果」

小内透（1999）「共生概念の再検討と新たな視点：システム共生と生活共生」『北海道大学教育学部紀要』79，pp.123-144.

小内透（2007）「外国人集住地域の現実と共生の視点」小内透編『調査と社会理論・研究報告』23「外国人集住地域の社会学的総合研究その3　日系ブラジル人の労働生活世界と地域住民』北海道大学大学院教育学研究科教育社会学研究室，pp.1-13.

佐藤久雄・小沢温（2000）『障害者福祉の世界［改訂版］』有斐閣

新藤こずえ（2013）『知的障害者と自立──青年期・成人期におけるライフコースのために』生活書院

鈴木勉（2017）「脱貧困＝共生社会のグランドデザイン──障害のある人々の平等回復に関する考察を通して」『佛教大学総合研究所共同研究成果報告論文集』5，pp.121-133.

Tronto, Joan C. 2015, *Who Cares?: How to Reshape A Democratic Politics*, Ithaca, London: Cornell University Press.［岡野八代訳・著（2020）『ケアするのは誰か？──新しい民主主義のかたちへ』白澤社］

Tronto, Joan C. 1998, *An ethic of care*. Generations,

全国ボランティア・市民活動振興センター（2019）『地域共生社会に向けた福祉教育の展開──サービスラーニングの手法で地域をつくる』全国社会福祉協議会

第2章

障害学

戸田美佳子

第1節　動き出した障害者政策

　2016年4月，障害者差別解消法が日本でようやく施行された。2021年5月には「障害を理由とする差別の解消の推進に関する法律」（障害者差別解消法）の改正法が成立し，民間事業者にも合理的配慮の提供が義務づけられるようになった。ここに至るまでには，障害問題に関わる人々による社会変革を目指した長い道のりがあり，この動きの根底には，障害者の権利運動において理論的武装としての役目を果たしてきた「障害学（Disability Studies）」と呼ばれる学問の発展があった。

　本章ではまず，「障害とはなんであるか」という問いを，障害概念の変遷と障害学の誕生から説明する。次に，障害の社会モデルにたった調査法の課題を述べ，アフリカ地域研究の事例から社会的文脈の異なる障害当事者の生活にたった実態把握の方法を提示する。最後に，障害当事者の立場から社会の枠組みを問う障害学と，具体的な場面においてその土地に暮らす人々を理解する人類学を接合させ，これからの障害研究の可能性について触れる。

　ところで，読者は，小学校や中学校，高校で「しょうがい」と

書く時，どのような漢字を使っていただろうか。本章ではあえて「しょうがい」を「障害」という漢字2文字で書いている。しかし読者のなかには，小学校や中学校で習った書き方とは異なると疑問を持つ人もいるかもしれない。事実，近年，日本では公的な機関において「害」という字をひらがな書きにして「障がい」と書くことが多くなっている。

　その背景には，「害」という言葉を当事者につけるのは妥当かどうかという問題意識のもと，「害」（そこなう・わざわい／ガイ）という否定的なイメージを持つ字を避け，ひらがなで表記することが増えたことが理由の1つとして挙げられる。もしくは，「障碍」という文字を使う場合もある。「碍」の字は「さまたげる」という意味があるので，人権と絡めると適切であるという見方もある。ただし「碍」という語が仏教語に由来しており，仏教圏以外では仏教における「障害」観を持ち込むことになるだろう。

　このように日本では障害者への配慮からひらがな書きが増えているが，他方で，障害当事者や研究者の多くはむしろ逆に，社会の側が「害」をもたらしていることを主張しなくてはいけないという立場から，「障がい」とひらがなに書き換えるのではなく，「障害」という表記を使用することが適切であると主張している。

第2節　障害学の誕生と発展

　現在，「障害」に対する2つの視点がある。1つ目は，生物医学的な視点に立ち，たとえば盲や弱視，ろう，難聴やその他の身体的な損傷といった心身の機能障害（インペアメント：impairment）を「個人の属性」としてみる見方である。そして2つ目が，個人が社会的

活動の様々な場面で経験する不利益，また社会と個人が衝突することで生じる不利や困難として現れる「社会現象（ディスアビリティ：disability）」とみる見方である（図2-1）。

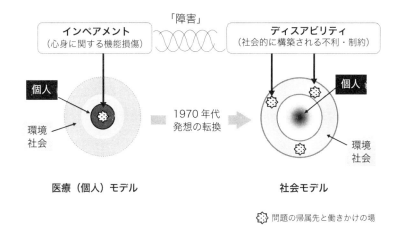

図 2-1　障害の医療（個人）モデルと社会モデル

　前者は，障害学のなかでは「障害の個人モデル」もしくは「医療モデル」と呼ばれるのに対して，後者は「障害の社会モデル」と呼ばれ，障害当事者による社会運動を中心に，社会集団や周囲の社会環境の変革を主眼とする社会政治的なアプローチを取ってきた。その学問の始まりは1970年代の英米の公民権運動や自立生活運動を発端に，こうした運動に参加した障害当事者を中心とした活動家が，主流の（専門家による医療や福祉中心の）障害研究に対して異議申し立てを行ったことに遡る。

「障害」をインペアメントとディスアビリティに明確に区別するようになったのは，1975年にイギリスで開催された「隔離に反対する身体障害者連盟」(Union of the Physically Impaired Against Segregation: UPIAS) と「障害者連合」(Disability Alliance: DA) による会議での声明が端緒であろう。この会議文書である「障害の基本原理 (Fundamental Principles of Disability)」によると，「インペアメントは，手足の一部，または全部の欠損，あるいは手足の欠陥や身体の組織または機能の欠陥を持っていること，ディスアビリティは，身体的なインペアメントを持つ人々をまったく，またはほとんど考慮せず，そのことによって彼らを社会活動の主流から排除する現在の社会組織によって生じる不利益，または活動の制約」(Oliver＝三島ら, 2006: p.34) と定義されている。UPIAS の「障害の基本原理」はイギリス障害学の基本的思想となり，障害者運動をイギリスから世界へと広げる障害者運動・障害学の鍵概念となる社会モデルの原型を生み出していく。

　1970年代において，社会の外部へと障害者を押しやる社会的な枠組みと闘ってきた障害当事者の活動のなかにこそ，社会モデルは存在してきた。彼らの言葉を紹介する。

　　我々の見解においては，身体障害者 (physical impaired people) を無力化 (disables) しているのは社会である。ディスアビリティとは，私たちが社会への完全参加から不当に孤立させられたり排除されたりすることによって，私たちのインペアメントを飛び越えて外から押しつけられたものである。このことを理解するためには，身体的インペアメント (the physical impairment) と，それを持つ人々の置かれている社会的状況との区別が不可欠であり，後者をディス

アビリティと呼ぶ。（Oliver, 1996: p.42，日本語訳は杉野, 2007:
p.117を引用。ただし，原文の英語表記は引用者による加筆）

　社会モデルは，障害のある当事者自身にも，彼らが直面する社会
からのバリア（障壁）があることを気づかせていった。彼らの個人
的悲劇としての経験はつながりあい，集団的な意識を喚起した。そ
して現在まで障害者団体が世界各国へと拡大する要因として働いて
きたのである。こうした従来の見方に対する障害当事者を中心とし
た抵抗は，1970年代前後に同時的に世界各地のさまざまな場所で起
きている。日本においては脳性マヒの当事者集団による「青い芝の
会」が有名であり（横塚, 2007 [1975]），1970年代以降，家族や施設を
出て地域で生活していくことを目指す「障害者自立生活運動」が活
発に展開された。
　イギリスにおいては，UPIAS を中心とした障害当事者である運動
家や研究者を中心に障害学が発展し，1986年に *Disability, Handicap
& Society*（94年に誌名を現在の *Disability & Society* に変更）が刊行され
た。他方，アメリカにおいては，ハワード・ベッカーやアーヴィン
グ・ゴフマンを代表とする逸脱社会学に影響を受けた医療社会学
者のアーヴィング・ケネス・ゾラらによって，1986年にアメリカ障
害学会（Society of Disability Studies）が立ち上げられ，同時に学会誌
Disability Studies Quarterly が創刊された。こうした英米を中心と
した障害学は，上記2つの学術雑誌を中核として，国際的にも新たな
学術領域として確立していった。
　現在では，世界各国の単科大学や総合大学で100近くの障害学の
課程が提供されている。そのなかでも，今日における障害学の中心
的な研究拠点として，アメリカのイリノイ大学（Institute on Disability
and Human Development: IDHD）とイギリスのリーズ大学（Centre for

Disability Studies: CDS）が挙げられる。

　1988年に組織されたイリノイ大学のIDHDは世界でも数少ない障害学に関する博士課程を持った研究所である。2005年にはSAGE（セージ出版社）より *Encyclopedia of Disability*（日本語全訳は日本特殊教育学会編（2013）『障害百科事典』丸善出版）がIDHDを中心とした20ヶ国以上の編著者のもと発行された。第Ⅰ〜Ⅳ巻の事典項目（全25分野1,000項目以上）と，障害に関わる文献や図版を収めた一次資料からなる第Ⅴ巻からなり，障害に関する文化や宗教，芸術，医療，社会制度，倫理など25分野にわたる領域を網羅した一大百科事典といえる。

　リーズ大学のCDSもまた，IDHD創設と同時期の1990年に，イギリス障害学の第一人者であり，自らも視覚障害のある社会学者コリン・バーンズによって設立された研究所である。障害学を専門とする修士課程では，「障害と民族，人種問題」や「障害とグローバル開発」（2016年から）などのコースが開講されており，現代の世界情勢に対応した国際的な研究・教育活動を推進している。

　こうした英米を中心とした障害学は，先進国の都市部を中心に世界規模で広がりをみせている。障害の文化的アプローチを取るハワイ大学の障害学センター（1988年創設）では，環太平洋地域における障害学の連携に取り組んでいる。2003年には，ハワイ大学の研究者を中心に電子ジャーナル *Review of Disability Studies: An International Journal* が立ち上げられた。また日本においても2003年に障害学会が設立し，2005年から学会誌『障害学研究』が刊行されている。

　上記のとおり，障害学の展開を踏まえると，障害当事者が「障害者」の「害」の字をひらがな表記にしない理由がわかってくるのではないだろうか。

障害学が発展した欧米については，実のところアメリカとイギリスで表記が異なっている。障害者という表記が，アメリカでは"person with disability" が好まれ，イギリスでは "disabled persons" が好まれている。その違いは両国における研究と運動の両面においても違いとして現れている。アメリカの障害を持つ人（person with disability）という表現は，社会において個人を重要視し「人が先（people first）」という用語を好む背景がある。他方，イギリスにおいて障害を与えられている人（disabled）と呼ぶ含意は，社会が障害を与える（disablement）ことを明示し，物理的／社会的環境において経験される抑圧と闘うための力として，少数派のアイデンティティを戦略的に強調するものである。

　以前，筆者は放送大学の授業にゲスト講師として参加したことがあるが，放送業界では「障害を持つ」という表現は使わず「障害がある」を使用するので，「障害がある」としてくださいと言われたことがあった。筆者は身体障害もその人にいろいろある特性の1つだという認識で「障害を持つ」と使用したかったが，最終的には「障害がある」という「一般的」な用語を使用することになった。ただし今一度考えるならば，欧米における障害者表記は，障害者のあるべき姿に向けた運動に根差している。では，「障がい」があるという言い方をしたり，「障がい」とひらがな書きにする日本にはどのような視点があるのだろうか。「害」をひらがな表記にするだけでは，根本的な問題へと目を向けられていないのではないだろうかとも感じる。

第3節　社会モデルによる研究上の困難
###　　　　　──地域研究からの視座

　前述したような障害当事者の声を伝えてきた社会運動は，これまでの医学的アプローチに基づく障害の見方から，個人に何かを「できなくさせる」現象こそが「障害＝ディスアビリティ」であり，障害を社会や環境側の問題として捉える見方へと転換させた。もちろん，心身の機能的な損傷としての障害はあらゆる社会に存在しており，治癒困難な損傷は一定以上の生活をするための行動を制限する。ただし，この損傷は社会的文脈のなかで「ディスアビリティ」として現れるのである。では，「社会」が異なる時，私たちはそこに暮らす「損傷」を抱える人々の「障害」をどれだけ理解できるのだろうか。

　ここでは，アフリカに暮らす障害者のイメージについて考えてみたい。アフリカで生活する障害者は，日本ではどのようなイメージを持たれているだろうか。たとえば，相互扶助のなかで豊かに暮らしている姿，対照的に貧困のなかで悲惨な生活をしている姿，あるいは呪術や村社会のなかで差別を受けている姿であろうか。

　実際に，アフリカにおける障害者問題には大きな課題がある。事実として，アフリカ諸国における障害者に対する公的な支援や組織的な慈善活動は，近年西欧から持ち込まれたものであり，国家としての対策が十分に個々の障害者に届いているとはいえない。では，アフリカで生活する障害者のための支援はどのように実施されてきたかというと，多くのアフリカ諸国では，資金が不足する政府の代わりに外国の寄付団体や非政府組織が障害者のための資金集めに奔走してきたのである。そして資金を集めるためには「同情」を引き起こした方が効果的であることから，募金キャンペーンなどの活動

を通して，非常に悲惨な状態で生きる障害者の姿が世界に提示されてきた。その際，アフリカにおける障害者を取り巻く問題として強調されたのは，政府や専門家による対応ではなく，障害者に対する周囲の人間（多くは家族や居住集団）の態度であったと，南部アフリカで調査してきたイングスタッド（1997; 1999）は指摘している。たとえばマスメディアを通して私たちに発信されてきたのは，アフリカの人々が，貧しさゆえに他者を顧みる余裕がなく，障害者を放置している「ケアしないアフリカ」のイメージであり，さらに世界保健機関などの国際機関を通して，アフリカでは障害が呪術的観点から差別の基になるために，障害者が外部に対して隠蔽されているという「隠された障害者」像が報告され，やがて「公式の事実」とされるようになってきたという（Ingstad, 1997; 1999; 戸田 , 2015: p.17）。

しかし，こうした「隠された障害者」像とは対照的に，筆者がアフリカのカメルーンやコンゴのフィールドワーク（現地調査）で出会った障害者は，町中で露天商を営んだり，村で農作業したり，母や父として子育てをしたりといった「当たり前」の日常を営む人々であった。これまでの障害やケアに関する議論をめぐって私たちが感じる，ある種の「息苦しさ」はそこではあまり感じられなかった。そこで次に，戸田（2015）の『越境する障害者——アフリカ熱帯林に暮らす障害者の民族誌』を基に，社会モデルに基づく研究を実施する上での課題および地域研究からの可能性を述べていきたい。

まずフィールドワークとは，現地を訪れ，情報を集めて記録する方法のことをいう。その研究は，研究テーマを発見することから始まる。現場での「気づき」から，問いをどのように立てられるのかが研究の要点となる。分析方法によって，どうやって研究するかが決まり，仮説をどのように検証するかという検証・考察に進んでいく。前述したとおり，障害は個人的・身体的な悲劇（インペアメン

ト）とみる見方から，社会的な構築物（ディスアビリティ）とみる見方
へと転換が遂行されつつある。社会モデルに基づいた調査法は現場
ではしばしば困難を伴う。アフリカのろう者に関する地域研究を実
施している亀井（2008）は，障害の社会モデルは画期的であるからこ
そ一種の「過激さ」をそなえており，課題があると，次のように説
明している。

　　　ある個人における人間開発を妨げる要因を，その人の身体
　　的特徴にではなく環境の側に求めようとするため，いわば
　　個人をとりまく環境要因すべてが潜在的な調査対象とな
　　り，分析すべき対象が限りなく増えていくという事態を招
　　くモデルでもある。極言すれば，あらゆることが「問題」
　　になりえてしまうという事態を理念的に抱え込むことと
　　なった。たとえば，朝だれかに会って「おはよう」と声を
　　かけることは，一見何の問題も生じえない日常的所作であ
　　ると思われるが，厳密に言えば，耳が聞こえ，かつ同じ言
　　語を習得している人々の間でのみ通用する日常行為であ
　　る。(中略)「障害の社会モデル」を前提とした質問紙での
　　調査を立案，実行しようとする時，個人や集団の生活と生
　　計に障壁をもたらすと考えられる要因があまりに多岐にわ
　　たりすぎるがゆえに，質問紙の調査項目の数がかぎりなく
　　増加していくことは明らかであろう。仮に電話帳のように
　　分厚い質問紙を用意したところで，それで現実の複雑さに
　　十分対処できるものと言えるであろうか。また，調査者が
　　想定していなかった事象を取りこぼすおそれ，語りによる
　　回答の信頼性の問題など，課題は多く存在する。
　　ところで，調査者がアプローチの方法に苦心する一方で，

調査対象となる生活者本人が無限の障害要因に立ちはだか
　　られて屈服しているわけではなく，日常生活の中で無数の
　　社会的要因を前に行動選択不能の状態に陥っているわけで
　　もない。現状の身体と所与の社会環境の中で利用可能な資
　　源を取捨選択し，あるいは障壁を回避したりしながら実際
　　の生活を営んでいる。あらかじめ用意された質問紙の調査
　　項目にそって写し取ることは技術的に難しい。(亀井, 2008:
　　pp.34-36)

　筆者はカメルーン東南部でのべ2年半に及ぶフィールドワークを実
施した。調査地の人々は多様な資源を生み出す熱帯林という生態環
境に適応した形で暮らし，狩猟採集民は野生動植物の採捕を，農耕
民は農作業を生業として，日々の生活の糧を得ている。つまり，農
作業や狩猟採集のような活動で生計を立てる社会といえる。そうし
たところでは，身体障害者が生計を成り立たせるのは著しく困難な
のではないかという素朴な疑問も出てくるだろう。しかし人類学者
がよくやる参与観察という調査方法に基づいて，観察対象となる人
たちと一緒に行動するうちにわかってきたことは，彼ら障害者の営
みとは，そこに暮らす人々とまったく同じ，農耕や狩猟，採集活動
だということだった。
　そうした身体障害者の営みを具体的に分析し，記述するための方
法として筆者が用いたのが，「生態人類学」という人間の物質的環
境に焦点を当てる学問的手法である。その方法論とは，地を這うよ
うな調査と人々の顔の見える記述といえる。筆者が大学院でフィー
ルドワークを始める際に指導されたことは，人々のやっていること
を動くものは「数えよ」，止まっているものは「はかれ」という事
であった。このはかるには，3つの漢字（計る，量る，測る）が当ては

まる。まず1つ目の「計る」は「タイムアロケーション（時間配分）調査」とも呼ばれるもので，日常の時間（生業と社会活動の両方）を計ることにある。そして障害研究においては，対象となる障害当事者が誰と一緒にいるのか，その活動内容とともにその時間を計ることで，ケアの配分を理解することにつながる。さらに，障害当事者と家族がその日に手に入れた食料の重さを「量る」ことで障害者の生計を把握し，障害当事者が所有する畑の面積を「測る」ことで障害の有無が社会的な役割（畑などの財産の所有など）にどのように影響を及ぼすのかを明らかにできるようになる。

　まず農耕民の生業活動は性別で分業されており，農耕民男性はカカオ畑の所有者となり，狩猟採集民からの労働提供によってカカオ生産を営んでいた。農耕民女性は，年間を通して自給作物の栽培と収穫を中心に行っている。ここで強調しておきたいのは，農作業は身体障害を抱える人にとっては容易な活動ではないなかで，主に世襲制で相続されるカカオ畑の所有が障害の有無に影響を受けていないという事実である。ディスアビリティという言葉は，当該の人の労働生産性が低いという理由で，障害者を社会的に排除することを正当化するコンテクストで用いられてきたと指摘されているが（Oliver, 1996; 杉野 , 2007），生産体系におけるディスアビリティは必ずしも自明のものではないというのが，カメルーン東南部熱帯林の事例からの示唆である（戸田 , 2015）。

　そしてカメルーンの調査地では，障害者は，複雑な民族間関係のなかで，ときに農耕民と狩猟採集民という社会的境界を横断することで生活を成り立たせてきた。ケアは家族という私的空間にあるという前提や，キリスト教的人類愛のようにケアする者の道徳心を喚起するものとはいえない。その結果，ケアは，障害者が自らの生活を成り立たせるために，コミュニティの構成員と交渉することに

よって初めて発生する現象になっていた（戸田, 2015）。

第4節　おわりに──障害学と障害の人類学

　「私たちのことを私たち抜きで決めないで（Nothing about us without us）」。南アフリカの障害当事者団体が用いたこの言葉は，世界の障害者運動のスローガンとなり，「国連障害者権利条約（CRPD）」につながった。多くの社会的課題を抱えながらも運動を前進させてきた障害当事者団体の声は，そこに暮らす人々の力強さも感じさせる。たとえば，コンゴ民主共和国の首都キンシャサの路上で暮らす身体障害者とストリートチルドレンが音楽で成功を収めるまでの奇跡をたどったドキュメンタリー映画『ベンダ・ビリリ！〜もう一つのキンシャサの奇跡』では，政情が安定せず社会福祉も実動しない国家に翻弄されながらも，逞しく生きる人々の姿が描かれている。小児麻痺によって手回しの車椅子で生活する歌い手がポリオワクチン接種の必要性を歌詞に込め，リンガラミュージックの陽気な旋律に載せて，「成功してトンカラ（ダンボール）ではなくマットレスで寝たい」と歯に衣着せぬ言葉で夢を歌う。映像は過酷な日常を映しているにもかかわらず，深刻さや悲壮感を感じさせない。身体障害を抱えるバンドリーダーがストリートチルドレンに演奏を教え導いていく姿からは，障害者を社会的弱者として一面的に捉えることが偏狭な見方であると気づかされる。

　もちろん，治癒困難な損傷（インペアメント）は一定以上の生活をするための行動を制限する。ただし，この損傷は社会的文脈のなかで「ディスアビリティ」として現れるのである。たとえば，人類学者のノラ・グロース（1988）は，遺伝的に聴覚障害者が多く誕生し

たアメリカのマーサズ・ヴィンヤード島でフィールドワークを実施し，聴覚障害の有無にかかわらず自然と手話を覚え，誰もが「ふつう」に暮らしていたことを明らかにしている。彼女の民族誌『みんなが手話で話した島』は，障害（＝ディスアビリティ）が社会的なものであることを私たちに伝えている。そして非西洋社会における「障害」の通文化的比較を行ったイングスタッドとホワイト編著（1995）の『障害と文化——非欧米世界からの障害観の問い直し』では，地域独自の障害文化を描くなかで，インペアメントとしての障害もまた多様であることを示している。

　障害当事者の立場から社会の枠組みを問う障害学と，具体的な場面においてその土地に暮らす人々を理解する人類学。両者の視点を接合させ，「障害当事者にとって社会とは何か」，そして「障害とは何か」を問うことこそが障害研究には重要となるだろう。

備考

本章第2節の一部は，戸田（2016）を加筆・修正した引用となっている。

謝辞

本研究は，JSPS 科研費 18K18271 および 15K21097 によって実施された。

引用・参考文献

Albrecht, G. L., Snyder, S. L., Bickenbach, J., Mitchell, D. T. & Schalick III, W. O. (Eds.) (2006). *Encyclopedia of Disability (Vol. 1).* Sage.［日本特殊教育学会編（2013）『障害百科事典』丸善出版］

Crapanzano, V. (1985) *Tuhami*. University of Chicago Press. ［大塚和夫・渡部重行訳(1991)『精霊と結婚した男――モロッコ人トゥハーミの肖像』紀伊国屋書店］

Groce, N. E. (1988) *Everyone Here Spoke Sign Language: Hereditary Deafness on Martha's Vineyard*. Harvard University Press. ［佐野正信訳（1991）『みんなが手話で話した島』築地書館］

Ingstad, B. (1997) *Community-Based Rehabilitation in Botswana: The Myth of the Hidden Disabled*. Lewiston: Edwin Mellen Press.

Ingstad, B. (1999) *The Myth of Disability in Developing Nations*. The Lancet. 354: pp.757-758.

Ingstad, B., Whyte, S. R. (1995) *Disability and Culture*. University of California Press. ［中村満紀男・山口恵里子監訳（2006）『障害と文化――非欧米世界からの障害観の問いなおし』明石書店］

Murphy, R. F. (2001) *The Body Silent*. W W Norton & Co Inc. ［辻信一訳(2006)『ボディ・サイレント』平凡社］

Oliver, M. (1996) A Sociology of Disability or a Disablist Sociology. Barton, L. (ed.) *Disability and Society: Emerging Issues and Insights*. Routledge. pp.18-42.

Oliver, M. (1997) *The Politics of Disablement: A Sociological Approach*. Palgrave Macmillan. ［三島亜紀子・山岸倫子・山森亮・横須賀俊司訳（2006）『障害の政治――イギリス障害学の原点』明石書店］

Union of the Physically Impaired Against Segregation (1976) *Fundamental Principles of Disability*, UPIAS.

亀井伸孝（2008）「途上国障害者の生計研究のための調査法開発：生態人類学と「障害の社会モデル」の接近」森壮也編『障害者の貧困削減：開発途上国の障害者の生計』（調査研究報告書）アジア経済研究所

杉野昭博（2007）『障害学――理論形成と射程』東京大学出版会

戸田美佳子（2015）『越境する障害者――アフリカ熱帯林に暮らす障害者の民族誌』明石書店

戸田美佳子（2016）「海外研究動向――障害研究の世界的展開」『民博通信』155: p.24.

横塚晃一（2007）[1975]『母よ！殺すな』生活書院［すずさわ書店］

第 2 部
障害者スポーツと共生社会

　第2部は，共生社会の実現につながる可能性を持つ障害者スポーツやパラリンピックに関する4つの章で構成されている。

　第3章では，まずはじめに「リハビリテーション」という概念の根源的な意味について解説し，続いて障害者スポーツとの関係を詳述する。

　第4章では，世界最大規模の障害者スポーツ大会であるパラリンピックを取り上げ，障害者スポーツ大会の起源，パラリンピックの誕生，そして今日に至るまでの歴史変遷及び開催の意義を振り返る。そのうえで，東京2020大会が日本国内に与えた影響を概観する。

　第5章では，パラリンピックの難民選手団に注目し，それがどのような経緯で始まったのかを紹介する。そして東京2020大会における6選手のプロフィールに触れることで，一人ひとりの異なる人生を追体験し，難民支援の歴史と現状について理解を深める。

　第6章では，国内の企業における共生社会に向けた取り組みを紹介する。1つの民間企業が，その企業に所属するパラアスリートを通して地域社会と連携することによって「心のバリアフリー」を実現させた事例から学べることは少なくないだろう。

第3章

リハビリテーションとスポーツ

石川ふみよ

第1節　リハビリテーションとスポーツの関係

　リハビリテーションとスポーツが併在する状況は，大きく2つに分けられる。1つは日ごろ競技スポーツをする人が外傷や手術などの治療により低下した機能を改善させること，そしてもう1つは心身に障害のある人がスポーツを通して機能の回復・維持・向上を行い，社会参加を図ることである。ここでは，後者について取り上げる。

　障害のある人がスポーツに取り組む状況としては，①社会生活への適応を目指し，病気などにより低下した機能の回復，残存機能の向上，身体の予備力向上を図ること，②運動不足などにより生じやすい生活習慣病を予防するために生涯にわたってスポーツを実施すること，③豊かな社会生活を送るために生涯にわたってスポーツを実施すること，④競技者として活動することがある。障害のある人が自分の運動機能を活かして行うスポーツは，パラスポーツあるいはアダプテッド・スポーツ（adapted sports）ということになる。パラスポーツはいわゆる障害者スポーツのことであり，障害のある人用にルールが確立された種目を指す。一般的な競技をベースに障害の種類や程度に応じてルールや用具を変更したものやパラスポーツ

独自に考案された競技があり，その最も大きな競技大会がパラリンピックになる（第4章参照）。アダプテッド・スポーツは参加する人の特性に，施設，用具やルール，方法等を適合させたスポーツ（佐藤，2018）である。これ以外にも，障害のある人を特別視することなく，誰もが参加可能なスポーツを表す「ユニバーサル・スポーツ」「インクルーシブ・スポーツ」などの言葉が用いられている。①〜④のなかで，リハビリテーションの要素が強いのは，①〜③になる。ここでは，改めてリハビリテーションとはどのようなことなのかを理解するところから始めていきたい。

第2節　リハビリテーションとは

　リハビリテーションとは，ラテン語の habilis（適した）から派生した habilitate に re（ふたたび）がついてできた言葉だとされている。リハビリテーションの意味について，広辞苑では「障害や後遺症を持つ人に対して，医学的・心理学的な指導や機能訓練を施し，各種の代償手段も併用して社会参加をはかること」と示されている。一方，ランダムハウス英和辞典では，「①社会復帰，（犯罪者などの）更生，②再建，復興，復権，復職，復位，名誉回復」と記載されており，それらについては rehabilitate のところでもう少し詳しい説明がされている。英国のオックスフォード英語辞典においても「①権利，地位，財産などの回復，復職，文学的または歴史的な再評価を通じて，その人物の人格や遺産を正当化すること，②物事が元の状態に戻ること，建物の改築・修復，戦後の復興，③犯罪者を社会復帰させること，健康状態や通常の活動状態へ回復させること，軍人を市民生活に復帰させること」（筆者訳）と示されている。このよう

にリハビリテーションの意味するところには，「治療や訓練によって元通り健康な状態に回復すること」だけでなく，「一度失った地位，特権，財産などを回復すること」「一度失った名誉を取り戻すこと」なども含まれる。日本語と英語でこのような違いがあるのは，日本で最初にリハビリテーションという言葉が使われるようになったのが医学の領域であったことが反映されていると思われる。

　地位や名誉の回復を表す例としてしばしば用いられるのが，15世紀半ばにオルレアンの戦いでイングランド軍を撃破したフランスのジャンヌ・ダルクや，イタリアの物理学者であり天文学者でもあるガリレオ・ガリレイである。ジャンヌ・ダルクは神の啓示を受けたとしてフランス軍に従軍し，オルレアンを解放し，シャルル7世の戴冠に貢献しているが，その後，ブルゴーニュ公国軍に捕らえられてイングランドに引き渡された。イングランドはパリ大学神学部の協力を得て彼女を宗教裁判にかけ，異端の判決により火刑を執行した。しかし，25年後に再審が行われ異端者であるとの宣告が取り消された。また，1920年に，ローマ教皇庁はジャンヌ・ダルクを聖女に列した。ガリレオ・ガリレイは，望遠鏡による天体観測を行い，地動説を支持する書簡や著書を表したことにより，ローマ教皇庁から聖書の教えに反するような説を信奉しているという異端の嫌疑をかけられた。1633年，バチカンの検邪聖省において尋問を受け，「コペルニクス説を放棄するようにという命令を受けた後は，この説を信奉していない」という異端放棄の宣誓をするに至った。1965年にローマ教皇パウロ6世が裁判に言及したことを発端に裁判の見直しが始まり，ガリレオの死から350年後にローマ教皇ヨハネ・パウロ2世が，ガリレオ裁判が誤りであったことを認め，謝罪した。このような名誉の回復を「リハビリテーション」と呼ぶ。

　世間一般では，「リハビリに行く」「リハビリを行う」など，リハ

ビリテーションという言葉をトレーニングや療法そのもののように用いることも多いが，上記の意味を知れば，それは誤りであることに気づくだろう。

　心身に障害のある人を対象としたリハビリテーションの定義は，古くは1941年にアメリカ全国リハビリテーション評議会が「障害者が身体的・心理的・社会的・職業的・経済的有用性を最大限に回復すること」と示している。世界保健機関（World Health Organization: 以下，WHO）は1969年に「医学的，社会的，教育的，職業的手段を組み合わせ，かつ，相互に調整して，訓練あるいは再訓練することによって，障害者の機能的能力を可能な最高レベルに達せしめること」という最初の定義を行っており，1981年の変更を経て，現在は「環境との相互作用において，健康状態である個人の機能の最適化と障害を軽減するために設計された一連の介入である」（2021年）と定義している。アメリカ全国リハビリテーション評議会の定義は目標とする状態を示し，WHOの定義は手段・方法を示すという点での違いがある。また，WHOによる以前の定義は障害を有する個人に焦点が当てられていたが，近年の定義は環境との相互作用を示すように変化している。

　この変化の背景には，WHOが1980年に示した国際障害分類（International Classification of Impairments, Disabilities and Handicaps: ICIDH）から，2001年の国際生活機能分類（International Classification of Functioning, Disability and Health: ICF）への変更や，2018年に世界保健デーのテーマとしてUniversal Health Coverage（UHC）が掲げられたことがあるといえる。

　ICIDHは国際疾病分類（IC-10）の補助として示された障害の分類であり，図3-1のように疾病や身体の変調により形態や機能障害が生じ，それにより日常生活を送るための動作が困難となり（または）社

会参加や社会的評価で不利益を被るということを示す。ICIDH では形態や機能障害を impairment，それによる能力障害を disability，社会的不利を handicap と表していた。

図 3-1　ICIDH（国際障害分類）モデル（1980）

　たとえば，脳の病気によって右の手足に麻痺が生じ，動かしにくくなった人を例に取ると，手足の麻痺が impairment になり，麻痺によって自由に歩行することができなくなった状態が disability，歩行が困難となったことで以前のように働くことができなくなった状態が handicap である。また，大腸の病気で人工肛門（腹部に作る便の排泄口）を造設した人の場合は，排泄経路の変更が impairment である。それによって日常生活を送ることに困難は生じないが，人工肛門からの排泄物の臭いや漏れを気にして趣味が続けられなくなったとすると，その状態が handicap である。当時は障害を階層的に捉えるという点で画期的であったが，それらはマイナス面の分類であること，環境との相互作用が示されていないことなどへの批判もあり，ICF に変更された。ICF（図3-2）では，構成要素に「心身機能・身体構造」「活動」「参加」という中立的な用語が用いられ，あらゆる人を対象としてプラス・マイナスの両側面から評価を行うことができるようになった。また，構成要素の相互作用性が示され，障害

を個人の問題として捉える「医学モデル」と，障害が個人の特性ではなく主として社会に作られた問題とみなす「社会モデル」が統合された構造となった（医学モデルと社会モデルについては第2章参照）。これにより，ICF は，経済，社会政策，環境整備など健康に関する領域以外でも用いられるようになった。

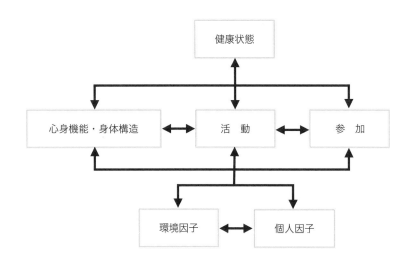

図 3-2　ICF（国際生活機能分類）モデル（2001）

　環境因子には，家庭や職場，学校などの場面を含む個人にとって身近な環境である個人的なものと，コミュニティや社会の構造，サービス，制度など個人に影響を与える社会的なものが含まれる。また，個人因子には，年齢，性別，生活歴，価値観，コーピング方略などが含まれる。手足に麻痺のある人の運動機能が元通りまで回

復しなくても，動作を補助するような用具を用いたり，段差をなくすなどの居住環境を整えたりすれば，自力で日常生活を送ることができるようになる場合がある。また，物理的な環境だけでなく，周囲の人々の理解が得られ，本人の価値観や考え方が変われば仕事や趣味に参加することができるようになる。生活機能上の問題は誰にでも起りうるものであり，ICFの概念を用いれば，すべての人の理解につながるといえる。

　UHCはすべての人が，必要な時に，必要な場所で，必要とする質の高い健康サービスを経済的な困難なしに利用できることを意味し，健康増進から予防，治療，リハビリテーション，緩和ケアまで生涯にわたり不可欠な健康サービスが含まれる。UHCはSDGsの目標3「保健」に含まれている。WHOは，必要とするすべての人にリハビリテーションを提供するためには，UHCの一部として，保健システムのすべてのレベルにリハビリテーションを統合することが必要だと示している。これらは心身に障害のある人のスポーツを考える際の軸となる。

　1969年にWHOが示したリハビリテーションの定義には「医学的，社会的，教育的，職業的手段を組み合わせ」とあり，リハビリテーションは，ベースとなる専門性によって医学的リハビリテーション，職業リハビリテーション，教育リハビリテーション，社会リハビリテーションの4つの分野で語られることが多い。近年はそれにリハビリテーション工学（参加支援工学）を追加して示しているところ（日本障害者リハビリテーション協会）もある。

(1) 医学的リハビリテーション

　医学的リハビリテーションは，「個人の機能的および心理的な能力を開発し，必要ならばその代償機構を発達させることを目的とした

医療のプロセスであり，個人が自立し積極的に生きられることをめ
ざす」（WHO, 1969）とされている。実施時期により，図3-3のように
予防（的）リハビリテーション，急性期リハビリテーション，回復
期リハビリテーション，生活期（維持期）リハビリテーション，終末
期リハビリテーションに分けられる。障害により生じた機能の低下
からの回復および今ある機能や能力の維持・向上を図るために実施
するスポーツは，医学的リハビリテーションに含まれる。

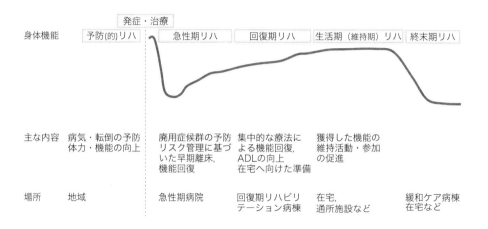

図 3-3　医学的リハビリテーションの流れ

　上記の実施時期のうち，予防（的）リハビリテーションでは，高
齢者のロコモティブシンドロームやサルコペニア，それに続く転倒
に対する予防策としてスポーツが行われている。回復期リハビリ

テーションにおいては，機能回復や生活期におけるスポーツの実施につながるよう，卓球，ボッチャ，グラウンドゴルフなどのスポーツが取り入れられている。生活期（維持期）リハビリテーションでは，活動と参加を促進するために，さまざまなパラスポーツあるいはアダプテッド・スポーツの実施が推奨される。

(2) 職業リハビリテーション

　国際労働機関（International Labour Organization: ILO）が定めた職業リハビリテーション及び雇用（障害者）条約第159号（1983）は，職業リハビリテーションの目的を「すべての障害者が適切な雇用を確保し，継続し，かつ向上させ，それによって障害者の社会への統合または再統合を促進することである」と示している。日本においては1987年に障害者雇用促進法が改正され，主に心身の障害によって働くことに困難を持つ人に対して，その人々が経済的な基盤を得るために専門的な介入を行うことを指している。主な介入内容は，職業評価，職業指導，職業準備訓練と職業訓練，職業紹介，保護雇用，就労安定支援などである。障害のある人が仕事をしながらスポーツを実行していくには，就職先の紹介やあっせんを受けるなど，職業リハビリテーション分野の支持を受けることがある。

(3) 教育リハビリテーション

　教育リハビリテーションは，「障害児が教育により能力を開発し，人格形成を促し，そして社会の構成員になるための準備するためのものであり，年齢階層を問わず，障害児者に関して行われる教育的支援である」といわれている（君塚, 2014）。

　日本におけるリハビリテーションはポリオの後遺症などといった肢体不自由児，すなわち小児を対象とするところから始まってい

る。障害のある子どもの教育は聴覚障害や視覚障害のある子ども，肢体不自由児を対象とする学校の設立に始まり，その後，視覚障害のある子どもは盲学校，聴覚障害のある子どもは聾学校，肢体不自由児，知的障害児，病弱児は養護学校で教育を受けていた。これらは特別な場で教育を行う「特殊教育」と呼ばれるものである。その後，ノーマライゼーションの理念の影響を受け，世界的に，障害のある子どもを通常の学級から切り離して行う分離教育から，障害のある子どもと障害のない子どもを通常学級に統合して行う統合教育（インテグレーション教育）の方向へと変化した（高橋ら，2014）。

　一方，日本では，2006年に学校教育法の一部が改正され，一人ひとりのニーズに応じた適切な指導および必要な支援を行う「特別支援教育」に転換した。それにより障害のある子どもの教育は，特別支援学校，特別支援学級，通級，通常の学級などで行われるようになった。しかしながら，2007年には，国連総会において採択された「障害者の権利に関する条約」に署名し，2014年に批准書を寄託したことにより，文部科学省（2012）は共生社会の形成に向けて「共生社会の形成に向けたインクルーシブ教育システム構築のための特別支援教育の推進」という報告書を公表し，インクルーシブ教育の構築を進めることとなった。インクルーシブ教育には，すべての子どもを通常教育の流れにのせようとするフルインクルージョンという考え方と，障害を考慮した上で，様々な形態で可能な限り通常教育の流れにのせようとするパーシャルインクルージョンの考え方があり（由岐中ら，2000），フルインクルージョンを実現するには様々な課題がある。

　小学校，中学校，高校の体育においても，インクルージョンの考え方が取り入れられているが，運動技能の評価の基準をどこにおくか，スポーツのルールをどうするか，全員に同じ行動を求めること

は困難などの課題が指摘されている。一方，障害のある児童と健常な児童の能力差により生じる摩擦が相互理解に役立つともいわれている（草野，2004）。イギリスやオーストラリアでは，インクルージョンスペクトラムが提唱され，子どもの実態に応じた体育・スポーツの指導が行われている（Grenier et al., 2017）。インクルージョンスペクトラムは，体育・スポーツの教員と支援スタッフに対し，学級内の多様なニーズのバランスを取ってすべての子どもの可能性を最大限に引き出せるように支援する方法を提供するものである。日本においても，障害のある子どもの障害特性に応じた指導や支援方法であるアダプテッドの考えに基づいた体育・スポーツの推進が期待される。

(4) 社会リハビリテーション

　社会リハビリテーションは，「社会生活力を高めることを目的としたプロセスである。社会生活力とは，様々な社会的な状況のなかで，自分のニーズを満たし，一人ひとりにとって可能な最も豊かな社会参加を実現する権利を行使する力を意味する」（国際障害者リハビリテーション協会社会委員会，1986）と定義されている（小島，1990）。社会リハビリテーションは，障害のある人が社会参加を果たし，自らの人生を主体的に生きていくための「社会生活力」を高めることを目指す。障害のある人の社会生活力を高めるために，福祉サービスの活用，対象者と環境との調整，サービス間の調整，リハビリテーション分野間の連絡調整などが行われる。実際には，総合リハビリテーションセンター等において，ソーシャルワーカーを中心に生活訓練指導員や心理専門職などが，ケースワーク，グループワーク，コミュニティワーク，カウンセリング，ケアマネジメントなどの技法を用いて支援している。障害のある人がスポーツにより社会参加

を図ることは，社会リハビリテーションに含まれる。

(5) リハビリテーション工学

　リハビリテーション工学は，「一人ひとりのリハビリテーション（全人的復権）を支え，豊かな人生を実現するため，工学的技術を活用して道具や機器，住環境，社会環境，教育，システムなどを改善あるいは開発して，個別に適用を図るための支援技術とシステムのことである」といわれている（松尾，2010）。障害のある人がスポーツをする際の特殊な義足，車椅子などの用具やVR（Virtual Reality：仮想現実）の開発はこれに含まれる。

　以上述べた分野は独立して存在するわけではなく，リハビリテーションはそれぞれを補完し，総合したもの（トータルリハビリテーション）でなければならない。

第3節　リハビリテーションを必要とする人のスポーツ

　リハビリテーションを必要とする人には，心身の変調により機能の低下や形態の変化が生じている。低下した機能の回復や今ある機能の維持・向上と，それに基づく身体活動の拡大や社会生活への適応のために，一般には理学療法，作業療法，言語療法などのセラピーや各種訓練が行われる。しかし，それとは別に，リハビリテーションスポーツ（医療スポーツ）を実施することがある。リハビリテーションスポーツは，日常生活をより円滑に送れるようにするために，スポーツへの参加により獲得した日常生活活動（Activities of Daily Living: ADL）の安定化を図り，体力の維持・向上，筋の瞬発

力・持久力，全身のバランス・協調性・巧緻性を改善することを目的とする（陶山ら, 2018）。集団で実施すること，全身を使うこと，応用的であることが他のセラピーとは異なっている。ちなみに，運動（exercise）とは，「健康や体力の維持増進のために，あらかじめ用意された内容を計画的に繰り返して行う身体的な動き」と定義され（内藤, 2016），スポーツ（sport）は「ルールに則り実践される組織的な運動であり，本来勝敗を伴うもの」（多木, 1995）と定義されている。つまり，スポーツは運動に含まれる概念といえる。

　リハビリテーションスポーツの【導入期】には，車椅子乗車時の耐久性を高めて姿勢を保持するといった体力を得るためのトレーニング，ストレッチやリラクゼーション等が行われる。これらはスポーツに対する動機づけを得ることにつながる。【展開期】には，筋力・持久力・瞬発力・バランスの強化が行われる。段階的な目標を設定し，それを達成していくことで自信の回復や意欲の向上につながる。【後期】には，基礎体力の維持・強化，各種スポーツの導入などが行われる。各種スポーツのなかには，既成のスポーツのルールや道具，コートの大きさなどを障害の種類や程度によって実施しやすいように修正したり，障害者に合う種目を新しく作ったりすることによってできたスポーツ，すなわち「アダプテッド・スポーツ」（草野, 2004）が含まれる。アダプテッド・スポーツは，その目的から，①リハビリテーションとしてのスポーツ，②趣味・楽しみとしてのスポーツ，③競技としてのスポーツの3領域から構成されている（荒木, 2011）（図3-4）。誰もが競技に参加できるわけではないが，楽しみながらリハビリテーションとしてのスポーツを継続することが望ましいといえる。

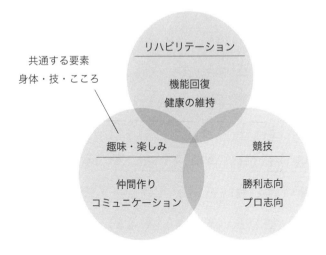

共通する要素
身体・技・こころ

リハビリテーション

機能回復
健康の維持

趣味・楽しみ

仲間作り
コミュニケーション

競技

勝利志向
プロ志向

図 3-4　アダプテッド・スポーツの構造（荒木雅信 , 2011 を基に作成）

　狭心症や心筋梗塞などの心疾患患者に対しては，回復期後期から生活期に集団スポーツ運動療法として，エアロビクス，体操などの軽運動やバレーボール，卓球などの球技，生活期にはハイキングや水泳，ジョギングなどの野外種目が取り入れられている。スポーツの継続は，体力や筋力の増強（牧田 , 2018）をもたらし，日常生活への適応が促進される。また，スポーツを実施することで達成感や爽快感を得ることでき，それが良い精神・心理的効果をもたらす。さらにスポーツの継続は，病気の再発防止に役立つ。心疾患以外の病気や障害のある人においても運動・スポーツの効果として，筋力，運動機能，栄養状態，ADL の回復（西 , 2020），注意力，記憶力，発動性，コミュニケーション能力等の向上（矢崎 , 2019）が期待されて

いる。

　保険適用によるリハビリテーションは期間が限られていることから，生活期においてリハビリテーションを継続することは容易ではない。介護保険によるサービスが本人の希望と合わない場合，機能の維持やさらなる改善を目指して障害者スポーツセンターを利用している人もいる。2022年現在，国内には26の障害者スポーツセンターがある。障害者スポーツセンターでは，医師，理学療法士，管理栄養士，看護師，スポーツスタッフが利用者のニーズを確認し，状態を評価して運動プログラムやスポーツを提案している。スポーツとしては，卓球，テニス，バドミントン，アーチェリー，水泳などがある。スポーツへの参加により身体のバランスや体力の向上が図られ，ADL に影響を及ぼすとともに，スポーツ大会を目指すなど社会参加や QOL の向上につながっている（東京都障害者スポーツ協会，2010）。

　予防のためのスポーツには，病気の再発・増悪防止と発症予防という2つの目的がある。前者は，心疾患や腎疾患，糖尿病などの慢性疾患を発症した人が再発防止や病状の進行予防としてスポーツを取り入れることであり，後者は，障害のある人が合併症や生活習慣病を生じないようにするためにスポーツを取り入れることである。

　再発・増悪防止のためには，回復期に開始したスポーツを継続することが望ましい。心疾患を持つ人は運動を継続することにより，心肺機能の維持や収縮期血圧の低下，HDL コレステロールの増加，中性脂肪の減少などを生じさせ，心不全による入院を減らし，生命予後を改善することが示されている（日本循環器学会，2021）。慢性腎臓病を持つ人では，有酸素運動や筋肉に負荷をかけるレジスタンストレーニング（RT）により，腎機能の低下を緩やかにすることが可能であると示されている（Greeneood et al., 2015; 重田，2017; Wyngaer et al., 2018)。糖尿病を持つ人にとって運動は，インスリン感受性の改善，HDL コレステロールの増加，血栓形成の軽減，心理状態の改善などの効果をもたらすことが示されている（日本糖尿病療養指導士認定機構, 2023）。慢性疾患を持つ人が安全に運動を実施するためには，脈拍や血圧，運動中の自覚症状に注意するなど自己管理をする必要がある。また，障害のある人は，身体機能や活動性の低下に伴う合併症を生じることがあり，健常者よりも生活習慣病に罹患しやすい状況におかれることがある（河崎, 2020）。身体障害者（Fox et al., 2014）および精神障害者（中村ら, 2017）の肥満率は健常者に比べ有意に高いという報告もあり，体重のコントロールや体力の向上のために運動やスポーツ活動は不可欠であるといえる。ただし，楽しむだけでなく，生活習慣病を予防するためのスポーツとするには，適切なスポーツの種目を選択することの必要性が指摘されている（中澤ら, 2006）。スポーツの選択にあたっては，楽しんだり，達成感や他者との連帯感を得て心の充足を図ったりする要素と，機能の回復を目指すことの両方が満たされるようにする必要がある。スポーツの継続には，それを支える施設や機会が必要であり，国内にも欧州での地域密着型スポーツクラブをモデルとした心疾患の予防活動を行っている NPO 法人が設立されている。

　近年は入院患者の在院日数が短縮しているが，短期間で障害を受け入れることは困難で，退院後の引きこもりが問題となっている。退院後に医療施設との関わりがなくなった後も福祉施設を活用するなどして，上記で述べたスポーツ活動を継続することにより社会参加を果たすことができる。また，生活期に障害者スポーツを導入することで一生涯スポーツを楽しむことができる。

　アダプテッド・スポーツを始めた人は，図3-5のような心理的プロセスをたどるといわれている（草野, 2004）。

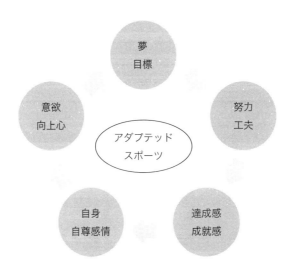

図 3-5　自己実現への循環回路（草野勝彦, 2004 を基に作成）

　自分が選択したスポーツに対して夢や目標を持ち，それを達成するために努力や工夫をする。それにより小さな目標を達成すると達成感が得られ，その達成感が自信や肯定的な自己概念を持つことにつながる。それがスポーツを行うことのさらなる意欲や動機づけとなり，新たな目標を持つことになる。この循環により自己実現に近づくというのである。常にこの循環が順調に進むわけではないし，誰もがアダプテッド・スポーツに関連させた自己実現を果たすわけではない。しかし，近年では障害者スポーツに健常な人が参加したり，障害のある人と健常な人がともに行うことのできる種目ができたりしており，障害のある人がスポーツを通じてさまざまな人と交流することは，障害とともに生きるための方法を獲得する機会にな

り，スポーツで得た自信や肯定的な自己概念は，当事者および周囲の障害の受け入れや就労などの社会参加を容易にすると考える。

第4節　障害のある人がスポーツを行うことの課題

　障害のある人が，一生涯スポーツを通して健康管理をしつつ社会参加を図ることにおいては，医療機関を離れた後に利用可能なスポーツ施設の不足や設備の不足，指導者の不足，障害特有の健康管理に関する指導者の知識の不足といった問題点が指摘されている。

　2011年に施行された「スポーツ基本法」において，障害者が自主的かつ積極的にスポーツに参加できるように必要な配慮を推進することが掲げられた。2012年には「スポーツ基本計画」が策定され，スポーツに参画できる環境を整備することが政策課題となってきた。2021年にスポーツ庁が実施した「障害者のスポーツ参加促進に関する調査」では，障害のある成人の運動・スポーツ実施率は週1回以上が41.8%（前年比13.9%増）と上昇してきているが，スポーツを実施する上での障壁として「体力がない」(25.2%)，「時間がない」(14.7%)，「金銭的余裕がない」(12.2%) のほか，仲間，交通手段，参加したいプログラム，実施場所の不足も少なからず指摘されている。障害のある人がスポーツを実施できる施設は，前述の障害者スポーツセンターを含め，全国に150施設あるが，安全な参加促進を図るためには，施設の増加とともに，対応できる職員，プログラム，利用可能な環境，スポーツ団体や社会福祉団体との連携などを図ることが必要といえる。

　また，東京2020パラリンピック大会を契機に障害のある人や障害者スポーツへの理解は進んだといわれている。障害のある人にも，

ない人にも障害者スポーツとその楽しさや効用を知ってもらい，スポーツを通じた共生社会の実現を目指していくことが必要である。

引用・参考文献

荒木雅信（2011）「アダプテッドスポーツへの基本理解」『これから学ぶスポーツ心理学』大修館書店，pp.140-144.

Fox, M. H., Witten, M. H., Lullo, C.（2014）Reducing obesity among people with disabilities, *Journal of Disability Policy Study*, 25（3），pp.175-185.

Greenwood S. A., Koufaki P., Mercer T. H., et al.（2015）Effect of exercise training on estimated GFR, vascular health, and cardiorespiratory fitness in patients with CKD: a pilot randomized controlled trial, *American Journal of Kidney Diseases*, 65（3），pp.425-434.

Grenier. M., Miller. N. & Black. K.（2017）Applying Universal Design for Learning and the Inclusion Spectrum for Students with Severe Disabilities in General Physical Education, *Journal of Physical Education, Recreation & Dance*, 88（6），pp.51-56.

河﨑敬（2020）「脊髄損傷と障がい者スポーツ」『JOURNAL OF CLINICAL REHABILITATION』29（7），pp.733-740.

君塚葵（2014）「教育リハビリテーション」『総合リハビリテーション』42（2），pp.135-141.

小島容子（1990）「用語の解説」『リハビリテーション研究』63, p.34

草野勝彦（2004）「障害者スポーツ科学の社会的課題への貢献」『障害者スポーツ科学』2（1），pp.3-13.

牧田茂（2018）「心臓リハビリテーションにおけるスポーツの役割」『臨床スポーツ医学』35（6），pp.596-601.

松尾清美（2010）「リハビリテーション工学による高齢者や障害者の生活行動支援」『The Japanese Journal of Rehabilitation Medicine』47（1），pp.42-46.

文部科学省（2012）「共生社会の形成に向けて」https://www.mext.go.jp/b_menu/shingi/chukyo/chukyo3/siryo/attach/1325884.htm

内藤義彦（2016）「心疾患予防における運動・スポーツの意義」『心臓』48（2），pp.135-141.

中村恭子・廣澤正孝・鈴木宏哉ほか（2017）「精神科リハビリテーションとしてのスポーツ活動の有効性——体力・運動能力向上のための運動プログラムの検討」『病院・地域精神医学』60（1），pp.70-73.

西慎一（2020）「腎移植患者の運動・スポーツ」『腎と透析』88（4），pp.480-484.

日本循環器学会（2021）『2021年改訂版 心血管疾患におけるリハビリテーションに関するガイドライン』12.

日本糖尿病療養指導士認定機構（2023）「糖尿病療養指導ガイドブック2023」pp.67-68

佐久間肇・中澤公孝・樋口幸治（2006）「脊髄損傷者の生活習慣病・二次的障害予防のための適切な運動処方・生活指導に関する研究」https://mhlw-grants.niph.go.jp/project/12751

佐藤紀子（2018）「わが国における「アダプテッド・スポーツ」の定義と障害者スポーツをめぐる言葉」『日本大学歯学部紀要』46，pp.1-16.

重田暁（2017）「慢性腎臓病（chronic kidney disease: CKD）に対する運動療法時の最前線」『理学療法学』44，pp.158-165.

陶山哲夫・田島文博・安岡由恵ほか（2018）「リハビリテーション医療が支える障がい者スポーツ——現状と課題」『JOURNAL OF CLINICAL REHABILITATION』27（7），pp.787-792.

高橋純一・松﨑博文（2014）「障害児教育におけるインクルーシブ教育への変遷と課題」『福島大学人間発達文化学類論集』19，pp.13-26.

多木浩二（1995）『スポーツを考える——身体・資本・ナショナリズム』筑摩書房

東京都障害者スポーツ協会（2010）『障害者スポーツの手引き Vol.1 ——脳血管障害者への運動のススメ』pp.3-4.

矢崎章（2019）：高次脳機能障がい者のスポーツ活動，リハビリテーションスポーツ，38（1），pp.7-8.

由岐中佳代子・園山繁樹（2000）「米国におけるインクルーシブ教育の動向と課題」『西南女学院大学紀要』4，pp.69-81.

WHO医学的リハビリテーション専門委員会（1971）「医学的リハビリテーション専門委員会第2回レポート」『リハビリテーション医学』8(2), pp.95-106.

Wyngaert, K. V., Craenenbroeck, A. H. V. et al. (2018) The effect of aerobic exercise on eGFR, blood pressure and VO2peak in patients with chronic kidney disease stage 3-4: A systematic review and meta-analysis, *PLOS ONE*, 11, pp.1-19.

第4章

パラリンピックの歴史と開催意義

谷口広明

第1節　リハビリテーションとしてのスポーツ

　障害のある人のスポーツ（以下，障害者スポーツ）とその組織的な取り組みは，1888年にドイツのベルリンにおいて聴覚障害者のスポーツクラブが設立されたことが始まりとされる。その後1924年までにベルギー，チェコ（旧チェコスロバキア），フランス，イギリス，オランダ，ポーランドにおいて聴覚障害者のためのスポーツ連盟が発足し，1924年フランスにおいて聴覚障害者のスポーツ大会である「国際サイレントゲームズ（現在のデフリンピック）」が開催された。これが世界で初めて行われた障害者スポーツの競技大会であり，この開催に向けて同年「国際ろう者スポーツ委員会（International Committee of Sports for the Deaf: CISS）」が設立された。障害者スポーツはその発祥以来，おおよそ障害によって括られた国際統括団体によってそれぞれ発展を遂げた経緯があるが，同団体が世界で初めての障害別国際スポーツ統括団体となった（DePauw & Gavron, 2005）。
　一方，本書で取り上げるパラリンピックはデフリンピックとはその発祥を異とし，第二次世界大戦で脊椎損傷を負った傷痍軍人のリハビリテーションに起源がある。たとえば，第一次世界大戦やその

当時の炭鉱事故によって下半身不随を負った人の80%は，受傷後数週間のうちに亡くなり，生き延びたとしても，脊椎の不完全損傷が理由でその後の余命はごく僅かであった（Donovan, 2007）。サルファ剤などの抗菌薬の開発によって若干の改善が見られたものの，第二次世界大戦中においても医療状況は大きくは変わらず，受傷後の余命は僅か2年から3年の間であった（Brittain, 2012; 2016）。戦争によって多数の負傷者が発生し彼らの帰国後の対応に迫られたイギリス政府は，1940年，国内5ヶ所に脊椎損傷者の専門医療機関である脊椎損傷センターの設置を進めたが，依然有効な治療法はなく，余命短い患者を受け入れるだけの施設となっていた（Silver, 2009）。このような状況のなかで，1944年，ロンドン郊外にあるストーク・マンデビル病院に1つの脊椎損傷センターが設置され，同センターの初代所長には，後にパラリンピックの父と称されるルートヴィヒ・グットマン博士が任命された。神経外科医であり，リハビリテーションや精神医学に通じるグットマン博士は，政府が彼の治療方針に一切関与しないことを条件にこの職位を引き受け，先例が無いなかで，下半身不随によって車いすで生活する患者のリハビリテーションにダーツ，スヌーカー，パンチボール，スキットル（現在のボーリングのようなスポーツ），車いすネットボール，車いすバスケットボール，アーチェリーなど様々なスポーツを取り入れたのであった（Brittain, 2012; 2016）。

　グットマン博士は手術，リハビリテーション，そして患者の精神的ケアに至るまでの過程をすべて管理し，それまで分断されていた専門領域を包括した新たな治療法を開発し，これによって患者達の多くは入院から6ヶ月以内に退院し，社会復帰するまでに至った。このことは瞬く間にイギリス国内の医療関係者に知れ渡り，多くの専門家がグットマン博士を尋ね，イギリス国内にこの新たなリハビリ

テーション方法を広めていった（Silver, 2009）。

　グットマン博士の着任当時，脊椎損傷者に対する有効な治療法が未確立であった他にも，患者の精神状態が大きな問題であった。病棟は死を待つだけの患者の悲壮感で満ち，社会から「廃棄物の山」とまで揶揄されるほどの偏見や蔑んだ態度を向けられていたことが原因でうつ病にかかる者も多くいた。これに対してグットマン博士は，スポーツを通じて患者の精神状態を変え，社会にある誤認を解こうとした。後にグットマン博士は，イギリスのようにスポーツが大衆文化として根づいていた国において，患者のリハビリテーションにスポーツを取り入れたことは非常に効果的であり，障害を負った人の社会復帰に重要な役割を果たしたことを回想している（Brittain, 2016）。

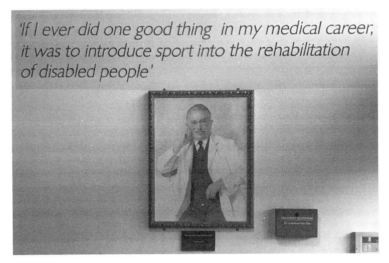

図 4-1　グットマン博士の肖像画と博士が残した言葉
ストーク・マンデビル・スタジアムにて著者が撮影。

第2節　ストーク・マンデビル競技大会

　1948年7月29日，ストーク・マンデビル病院の中庭において，ストーク・マンデビル病院とサリー州リッチモンドにある「退役軍人の家」の入院患者計16名によるアーチェリー大会が開催された。これが「第1回ストーク・マンデビル競技大会（以下，SMG）」であり，後に「パラリンピック」として認知される大会の前身である。グットマン博士の着想によって試験的に行われた第1回 SMG であるが，ロンドンで開催された第14回オリンピックの開会式と同日に開催され，一般公開されるなど，社会の注目を集めるための工夫が凝らされていた。実施競技にはアーチェリーが選ばれた。これは，訓練の結果，健常者と対等に戦うほどの腕を持つ者もいるという事実を社会に知らしめるためであった。さらに，会場には地元為政者やメディアが招かれ，イギリス在郷軍人会連盟ならびにロンドン交通局による車いすで乗り降りできる福祉バスの寄贈式典の様子が公開されるなど，地元有力者への働きかけやその情報伝播も怠らなかった。後にストーク・マンデビル病院内に患者のアーチェリーチームが発足し，チームは贈呈された福祉バスを利用し健常者のアーチェリークラブや退院患者が所属するクラブ，また現役患者の地元にあるクラブなどへの遠征を重ねた。グットマン博士はこのような遠征試合を通じて現役患者の社会復帰への希求を高め，地元社会の障害に対する認識の是正を図っていた（Brittain, 2012; 2016）。

　グットマン博士の先見の明と個人の尽力によって開催にたどり着いた第1回 SMG と比べ，大会の意義を受け止めたグットマン博士の部下や転院した患者の協力によって，翌年の第2回 SMG では6つの脊椎損傷センターから合計37名もの患者が参加した。なかにはポーランド出身者やギリシャ国籍の患者もおり，早くも SMG の国際性

を示唆した大会となった。グットマン博士は閉会式の挨拶において
「やがてこのストーク・マンデビル競技大会が対麻痺者のオリンピッ
クになるであろう」との展望を述べたが，当時はこれに共感できる
者は誰もいなかった（Brittain, 2012: p.8）。1951年の第4回SMGから，
既に職場に復帰している元患者の参加も促す目的で，開催日をそれ
までの平日から週末に変更して開催し，転院した患者や異動した医
療関係者も含め11の脊椎損傷センターから総勢126名の選手が参加し
た。うち4名は外国籍の選手であった（Brittain, 2012）。

　ストーク・マンデビル病院の先見的な取り組みはイギリス国内の
医療関係者はもとより各国の医療関係者に知れ渡り，1940年代後半
までにヨーロッパ諸国やアメリカ合衆国において脊椎損傷者のリ
ハビリテーションにスポーツが導入され，ヨーロッパ諸国におい
ては車いす利用者の競技大会やスポーツイベントが開催されるま
でに波及していた（DePauw & Gavron, 2005）。そして1952年に開催さ
れたSMGは，オランダが4名の選手を含むオランダ選手団を派遣
し，初の国際大会である「第1回国際ストーク・マンデビル競技大
会（以下，ISMG）」として開催された。この開催に向けて同年「国際
ストーク・マンデビル競技連盟（International Stoke Mandeville Games
Federation: ISMGF）」が設立され，同連盟は既述のCISSに次ぐ2つ
目の障害別国際スポーツ統括団体となり，その後の車いす競技の
国際団体としてISMGの企画運営や，車いす競技の国際ルールの
制定，クラス分けの統括など，車いす競技の発展に大きく貢献した
（DePauw & Gavron, 2005）。

　ISMGはヨーロッパ各国から賞賛と賛同を集め，世界退役軍人連
盟（World Veterans Federation: WVF）による参加国の渡航助成が相

1　1991年に「国際ストーク・マンデビル車いす競技連盟（International Stoke Mandeville
Wheelchair Sports Federation: ISMWSF）」となった（藤田, 2008）。

まって大会ごとに参加国と参加者，そして実施競技数を増やしていった。そのため，それまで1日で完結していた大会日程であったが，1953年の第2回 ISMG から全日程が2日間となり，さらに1959年の第8回 ISMG から全日程が3日間となった。イギリス国内においてはこの第8回 ISMG に向けた，イギリス代表選手の選考会を兼ねた「全英ストーク・マンデビル競技大会」が1958年より開催される運びとなった。また，参加者数の増大とともに宿泊受入が問題となり，1959年にストーク・マンデビル病院内に選手棟が新たに建設された。

1959年の第8回 ISMG の開閉会式から選手の入場パレードが導入され，同大会期間中には科学会議（scientific meeting）と技術会議（technical meeting）が開かれ，科学会議には世界中から50名以上の医療従事者が参加し，技術会議では複数の車いす競技を束ねる統一ルールが決められるなど，国際大会としての礎が築かれていった（Brittain, 2012）。

1953年の第2回 ISMG から大会旗が登場し，大会旗には参加国を示す星が一つひとつ描かれ，以後参加国が増えるたびに大会旗に星が追記された。なお，大会旗の下には参加者を鼓舞する以下のメッセージが掲げられた（Brittain, 2012）。

The aim of the "Stoke Mandeville Games" is to unite paralysed men and women from all parts of the world in an international sport movement, and your spirit of true sportsmanship to-day will give hope and inspiration to thousands of paralysed people. No greater contribution can be made to society by the paralyzed than to help, through the medium of sport, to further friendship and understanding amongst nations. （実際はすべて大文字）。

ストーク・マンデビル競技大会の目的は，国際的なスポー
ツムーヴメントを通じて世界中の対麻痺を負った男性や
女性の団結を図ることにあり，今日のあなたが持つ真のス
ポーツマンシップは，多くの対麻痺者に希望と勇気を与え
ることでしょう。対麻痺者によるスポーツを通じた国家間
の交友と理解の促進は，我々にでき得る最高の社会貢献と
なるのです。(筆者意訳含む)

　グットマン博士の尽力によって産声を上げたSMGは，開催から4
年後に国際大会へと発展し，その後規模の拡大を続けながら唯一無
二の国際車いす競技大会としての輪郭を作り上げていった。その情
報は世界各地の当事者や関係者へ伝播し，同大会は，世界中の対麻
痺を負った人々に生きる希望と勇気を与え，彼らを支える医療関係
者をも巻き込む一大イベントへと発展を遂げた。1959年に開催され
た第8回ISMGは，20ヶ国から360名の選手が参加するまでに成長し
た（表4-1）。

表4-1 ストーク・マンデビル競技大会（SMG）と国際ストーク・マンデビル競技大会（ISMG）の概要（Brittain, 2016 を基に作成）

年	大会名	参加国数*	参加者数	競技数	実施競技並びに新たに追加された競技
1948	第1回 SMG	2	16	1	アーチェリー
1949	第2回 SMG	6	37	2	車いすネットボール
1950	第3回 SMG	10	61	3	槍投げ
1951	第4回 SMG	11	126	4	スヌーカー
1952	第1回 ISMG	2	130	5	卓球
1953	第2回 ISMG	6	200	6	水泳
1954	第3回 ISMG	14	250	7	ダーチェリー（アーチェリーとダーツ混合競技）
1955	第4回 ISMG	18	280	8	車いすフェンシング，車いすバスケットボール（車いすネットボールと入替）
1956	第5回 ISMG	18	300	8	一
1957	第6回 ISMG	24	360	9	砲丸投げ
1958	第7回 ISMG	21	350	10	クラブ投げ（こん棒投げ）
1959	第8回 ISMG	20	360	11	5種競技（アーチェリー，陸上競技，水泳の混合競技）

*1951 年まではストーク・マンデビル競技大会に参加したイギリス国内の脊椎損傷センター数を示す。

1960年に開催された第9回ISMGは初めてストーク・マンデビルを離れ，同年のオリンピックの開催地であるイタリアのローマで開催された。前年の1959年に，ローマで開催された世界退役軍人連盟の年次総会において，ISMGを「対麻痺者のオリンピック」に発展させたいグットマン博士によって提案され，これに同意したイタリア代表者らとISMG参加常連国の参加意思表明を受け，承認された。同時に，それ以後のISMGを可能な限りオリンピックと同年同都市において行うことと，オリンピックイヤーを除いた年のISMGをストーク・マンデビルにおいて開催することが承認された。初めてイギリスを離れ，オリンピックと同年同都市において開催されたこの1960年ローマ大会は，後に第1回パラリンピックとして認知される大会となる（Brittain, 2012）。なお，第2回パラリンピックは，後述する1964年東京大会である。

第3節　障害別国際スポーツ統括団体の台頭と国際パラリンピック委員会の設立

ISMGの国際的な認知度の向上に伴い，その他の障害グループにおいてもスポーツ環境の構築が叫ばれ，複数の障害別国際スポーツ統括団体の設立とともに，障害や障害特性に対応させたルールやクラス分けが整備され，国内大会や大陸大会などが組織化されていった（Brittain, 2016）。たとえば国際サッカー連盟（Fédération Internationale de Football Association: FIFA）や国際バスケットボール連盟（Federation Internationale de Basketball: FIBA）のように，健常者のスポーツ団体は1つのスポーツを統括する一方で，障害者のスポーツ団体は，該当する障害を中心に複数の障害者スポーツを統

括している（DePauw & Gavron, 2005; Legg & Steadward, 2011）。既述の車いす競技を統括する国際ストーク・マンデビル競技連盟の他にも，切断と視覚障害者の競技を統括する「国際障害者スポーツ連盟（International Sports Organization for the Disabled: ISOD）」，脳性麻痺者の競技やレクリエーションを統括する「国際脳性麻痺者スポーツ・レクリエーション協会（Cerebral Palsy International Sports and Recreation Association: CPISRA）」，視覚障害者の競技を統括する「国際視覚障害者スポーツ連盟（International Blind Sports Association: IBSA）」，知的障害者の競技を統括する「国際知的障害者スポーツ連盟（International Association for Sport for Persons with an Intellectual Disability: INAS-FID）」がそれぞれ発足した（表4-2）。

表4-2　国際パラリンピック委員会とその立ち上げ組織

（DePauw & Gavron, 2005 を基に作成）

設立年	団体	対応する障害
1952	国際ストーク・マンデビル競技連盟	脊椎損傷，下半身不随，四肢麻痺
1964	国際障害者スポーツ連盟	切断，視覚障害
1978	国際脳性麻痺者スポーツ・レクリエーション協会	脳性麻痺
1981	国際視覚障害者スポーツ連盟	視覚障害
1986	国際知的障害者スポーツ連盟	知的障害
1989	国際パラリンピック委員会	脊椎損傷，切断，視覚障害，脳性麻痺，その他，知的障害

これらの障害別国際スポーツ統括団体はIOSDs（International Organizations of Sports for the Disabled）と称され，その後統廃合によって現在は3団体が存続し，国際パラリンピック委員会のステークホルダーとしてパラリンピックを支え，それぞれも独自に世界大会を企画運営し，障害者スポーツの振興に貢献している（Purdue & Howe, 2013a; World Ability Sport, 2023）。

　ISMGは，はじめはその参加資格を脊椎損傷に限定し，次にすべての車いす使用者の参加を認めるなど，車いす競技を中心に発展を遂げたが，1976年に開催されたカナダ・トロント大会において転換期を迎える。国際ストーク・マンデビル競技連盟と国際障害者スポーツ連盟の，当時2つの団体の会長を務めていたグットマン博士の提案により，トロント大会ではそれまでのISMG開催母体であったISMGFに加えてISODが共同開催者となり，参加資格に切断と視覚障害が加えられた。（Brittain, 2012）。このようにして，その後も先述したその他の障害別国際スポーツ統括団体の組織化や台頭に前後し，1980年オランダ・アーネム大会では脳性麻痺，1984年アメリカ・ニューヨーク大会では小人症などの「その他（les autres）」の障害，そして1992年スペイン・マドリッド大会から知的障害が新たに参加資格に加えられ，パラリンピックは参加資格の拡大とともに成長を続けた。現在，夏季のパラリンピックにおいてはおよそ160ヶ国以上の国から4,000人を超える選手が出場し，パラリンピックはオリンピックに次ぐ規模のマルチスポーツイベントへと成長を遂げている（表4-3）。

表4-3 夏季パラリンピック競技大会の開催地，参加国数，参加者数，参加資格の変容（Brittain, 2016 と IPC 公式ホームページの情報を基に作成）

年	開催地	参加国数	参加者数	参加資格 * （障害）
1960	イタリア，ローマ	23	400	脊椎損傷
1976	カナダ，トロント	40	1,369	脊椎損傷，切断， 視覚障害
1980	オランダ，アーネム	42	1,973	脊椎損傷，切断， 視覚障害，脳性麻痺
1984**	イギリス，ストーク・マンデビル	41	1,097	脊椎損傷
	アメリカ，ニューヨーク	45	1,750	切断，視覚障害， 脳性麻痺，その他
1992**	スペイン，バルセロナ	83	3,001	脊椎損傷，切断， 視覚障害，脳性麻痺， その他
	スペイン，マドリッド	75	1,600	知的障害
1996	アメリカ，アトランタ	103	3,259	脊椎損傷，切断， 視覚障害，脳性麻痺， その他，知的障害
2021	日本，東京	162	4,393	脊椎損傷，切断， 視覚障害，脳性麻痺， その他，知的障害

* パラリンピックに参加資格が認められた順に記載。
** 参加資格に応じて異なる開催地で実施された。

　複数の障害別国際スポーツ統括団体が国際オリンピック委員会（International Olympic Committee: IOC）との連携を望むなかで，1982年に IOC は，これら統括団体に対して連絡窓口の一本化を要請し

た。これを余儀なくされた国際ストーク・マンデビル競技連盟，国際障害者スポーツ連盟，国際脳性麻痺スポーツ・レクリエーション協会，国際視覚障害者スポーツ連盟は，中間組織である国際障害者スポーツ連盟調整委員会（International Co-ordination Committee of World Sports for the Disabled: ICC）を設置し，その後，国際知的障害者スポーツ連盟がICCに加わった。各団体は1987年にオランダのアーネムで行われた会議において，より競技性の高い国際競技大会の開催に向けた障害を跨いだ統一団体の設立について合意し，1989年，ついにICCから国際パラリンピック委員会（International Paralympic Committee: IPC）を設立した（DePauw & Gavron, 2005; Legg & Steadward, 2011）。統一団体であるIPCの設立を前に，1988年，韓国でソウルパラリンピックが初めてオリンピックと同年同都市同施設において開催され，1992年のスペイン・バルセロナ大会に向けては，それまでの医療的なクラス分けからスポーツの特性に応じた機能的なクラス分けへの移行が進められるなど，さらなる競技性の向上を目的に，ルールやクラス分けの見直しが行われた。

第4節　パラリンピックの開催意義

　日本においてはこれまで3回のパラリンピックが開催され，大会ごとに国内のスポーツ関連法や障害者スポーツが整備・制度化されてきた。最初は，1964年に開催された東京パラリンピックである。はじめに，ストーク・マンデビル病院に単身留学し，グットマン博士の構築した治療法を学び日本に持ち帰った中村裕医師（中村, 2002）の尽力によって，この大会開催が達成されたことを付記しておかなければならない。そもそも，それまでの日本における障害者スポー

ツとその組織的な取り組みは，各障害別の特別支援学校における体操や体育授業を除いては，地方自治体の独自予算によって身体障害者のレクリエーション的なスポーツ大会が開催される程度しか行われていなかった。しかし，パラリンピック開催を翌年に控えた1963年，当時の厚生省によって大会開催費用など身体障害者のスポーツ振興が予算化され，その結果多くの都道府県で障害者のスポーツ大会が開催されるようになった（藤田，2013; 日本パラスポーツ協会，2021）。1960年代からは障害者専用，または障害者が優先利用できるスポーツセンターの設置が進められ（笹川スポーツ財団，2010），パラリンピックの開催を契機に福祉としての障害者スポーツが本格的に始動した（藤田，2013; 日本パラスポーツ協会，2020）。

　同大会の開催に向けては，参加資格に脊椎損傷以外の障害も加える提案が大会組織委員会からなされた。しかし，国際統括団体の判断により本大会では不採用となったが，この代替案としてその他の障害を参加資格とした第2部国内大会が開催された。これには切断，視覚障害，聴覚障害がある国内選手やドイツ人選手が出場した。既述のとおり，後年の1976年トロント大会において初めて車いす以外の切断と視覚障害が参加資格に加わったが，東京大会はこのような変化に先駆けて様々な障害を包摂する理念を持った大会であった（Brittain, 2012; 日本財団，2020）。

　日本では，それまで脊椎損傷を負った人は病院や療養施設でその余生を過ごすことが常とされていたが，海外選手の自立した姿や受傷後の職場復帰について見聞きすることで，関係者の考え方が大きく変わったとされている。また，昭和天皇陛下（当時の皇太子殿下）が同大会の名誉総裁に御就任になり，当時の皇太子同妃両殿下は毎日競技会場に足を運ばれ，そしてこの大会が契機となり，翌年から始まった「全国身体障害者スポーツ大会（現「全国障害者スポーツ大

会」)」には，両陛下はほぼ毎年，計20回以上にわたり御出席になった（宮内庁，2018）。このように，同大会から関係者の多くが感銘を受け，そのような想いを後世に残す必要性から，大会運営費の収支残高を基に1965年，「日本身体障害者スポーツ協会（現「日本パラスポーツ協会」)」が設立された。同協会は以降毎年「全国身体障害者スポーツ大会」を開催するなど，現在に至るまで国内における障害者のスポーツ振興を牽引している（日本パラスポーツ協会，2020）。このように，東京パラリンピックは，日本に障害者スポーツが根づく契機となったという点において大変意義深い大会であった。

　次は，1998年に開催された長野パラリンピック冬季大会である。同大会は，国内において障害者スポーツがそれまでの医療や福祉としてのスポーツといった見方から，より競技性の高い競技スポーツとして認識される契機となった大会とされている。国内の新聞ではそれまで主に社会面で取り扱われた障害者スポーツであるが，同大会においては連日スポーツ面に選手の写真入り記事が掲載され（中村，2002），競技の生中継は行われなかったものの朝のテレビニュースでは，冒頭に日本人選手のメダル獲得の様子が伝えられた（山田，2022）。この背景としては，1989年の国際パラリンピック委員会の設立がある。パラリンピックのメダル主要国は，早くから自国に国内パラリンピック委員会を設置しアスリートの強化を図っており，日本においても長野大会を契機として1999年，「日本パラリンピック委員会」が「日本身体障害者スポーツ協会」の内部組織として発足した。これにより，日本の障害者スポーツの普及とパラリンピック競技の強化が明確に分けられ，パラリンピック競技の組織的な強化が可能となった。同年，日本身体障害者スポーツ協会は「日本障害者スポーツ協会」に改名し，それまでの身体障害に加え，知的障害と精神障害を合わせた3つの括りの障害を対象とする団体となり，1965

年から継続開催されている全国障害者スポーツ大会においては，それまでの身体障害の他に知的障害と精神障害の種目が追加された（日本パラスポーツ協会, 2020）。

　最後は，新型コロナウイルス感染症拡大の影響で2021年に開催された東京2020オリンピック・パラリンピック競技会である。同大会の開催に向けて，スポーツ振興法（1961年）が2011年に「スポーツ基本法」として改定され（文部科学省, 2011），ここで「障害者のスポーツ」が初めて謳われた。これを踏まえ，2012年のスポーツ基本計画において障害者のスポーツ振興やパラリンピック競技大会における成績向上，さらにパラアスリートの強化政策などについての具体案が記された（文部科学省, 2012）。

　日本におけるそれまでの障害者スポーツは厚生労働省によって所轄され，文部科学省が所轄する健常者のスポーツとは別の発展を遂げてきた。しかし，厚生労働省の予算はアスリートの競技力向上という事業に整合せず，また諸外国においては平等の観点からオリンピック競技とパラリンピック競技が1つの競技団体にまとまり，そして同一省庁において一元化されていることが多い（谷口・井上, 2022）。このような背景から2014年，障害者スポーツの所轄が厚生労働省から文部科学省に移管され，さらに翌2015年10月に文部科学省にスポーツ庁が設立された。これによりオリンピック競技とパラリンピック競技の省庁が一元化され，オリンピック競技とパラリンピック競技の強化支援に差を設けない「オリパラ一体化」の強化方針が当時のスポーツ庁長官である鈴木大地長官より示された（スポーツ庁, 2016）。現在までに，国内におけるパラリンピック競技の強化は，オリンピック競技の強化と比べても遜色ない程度にまでその助成制度が改善され，さらに，視覚障害クラスのガイドや義肢装具士の雇用など，パラリンピック競技独自のニーズに合わせた制度が敷

かれている（日本パラスポーツ協会, 2020）。

　国際連合は，2006年に国際条約である障害者権利条約を採択した（UN, 2006）。2008年に北京パラリンピックの開催を控えていた中国はいち早く国内法を整備し同条約に批准し（OHCHR, n.d.），日本も，2014年に障害者権利条約に批准した（内閣府, 2014）。このように，日本のみならず，オリンピック同様パラリンピックもその国の法を整備する力を持っており，日本においても既述の国内法やスポーツ関連法の制定，省庁の一元化，そして障害者スポーツの制度化など，パラリンピックの開催が与えた影響は計り知れない。

　本章は，パラリンピックの歴史と開催の意義について，パラリンピックの発祥，障害別国際スポーツ統括団体の台頭とパラリンピック委員会の設置，そしてパラリンピックの開催に伴う国内への影響を俯瞰し，パラリンピック並びにその起源であるISMGの開催が，世界中の身体障害者や日本国内の障害者スポーツの発展に寄与した点を指摘した。

　しかしその一方で，近年ではパラリンピックの負の面も指摘されている。パラリンピックの発展に伴い，重い障害クラスの減少や消滅（Brittain & Beacom, 2016; Purdue & Howe, 2013b），トップ選手の競技性の向上に伴う様々な格差の発生（小倉, 2019），パラリンピックが抱える矛盾と選手の葛藤（Purdue & Howe, 2012）など，新たな問題が指摘されている。さらに，パラリンピック招致に際して掲げられる共生社会やインクルーシブ社会の創生という到達目標についても，パラリンピック開催国の報告と相反する証拠が指摘されている（Brittain & Beacom, 2016）。

　これまでパラリンピックが数多くの障害者の社会復帰や社会参画の原動力として機能したこと，そして大会ホスト国における国際法や国内法の整備に寄与してきたことは疑いの余地がない。しかし，

大会招致に際して謳われる共生社会の達成やインクルーシブ社会の創生という目標については，より踏み込んだ調査を行う必要がある。

引用・参考文献

Brittain, I.（2012）*From Stoke Mandeville to Sochii: A History of the Summer and Winter Paralympic Games*. Common Ground.

Brittain, I.（2016）*The Paralympic Games Explained*（*2nd ed.*）. Routledge.

Brittain, I., Beacom, A.（2016）Leveraging the London 2012 Paralympic Games: what legacy for disabled people? *Journal of Sport and Social Issues*,（40）6, pp.499-521. DOI: 10.1177/0193723516655580

DePauw, K.P., Gavron, S. J.（2005）*Disability sport*（*2nd ed.*）. Human Kinetics.

Donovan, W. H.（2007）Spinal cord injury-past, present, and future. *Journal of Spinal Cord Medicine*. 30, pp.85-100.

藤田紀昭（2008）『障害者スポーツの世界——アダプテッド・スポーツとは何か』角川学芸出版

藤田紀昭（2013）『障害者スポーツの環境と可能性』創文企画

宮内庁（2018）「障がい者スポーツへの天皇盃・皇后盃下賜について」https://www.kunaicho.go.jp/page/okotoba/show/24（2023 年 9 月 7 日閲覧）

Legg, D., Steadward, R.（2011）The Paralympic Games and 60 years of change（1948-2008）: unification and restructuring from a disability and medical model to sport-based competition. *Sport in Society*. 14（9）1099-1115. DOI: 10.1080/17430437.2011.614767

文部科学省（2011）「スポーツ基本法」https://www.mext.go.jp/a_menu/sports/kihonhou/attach/1307658.htm（2020 年 8 月 2 日閲覧）

文部科学省（2012）「スポーツ基本計画」https://www.mext.go.jp/a_menu/sports/plan/index.htm（2020 年 8 月 2 日閲覧）

内閣府（2014）「障害者権利条約の批准」https://www8.cao.go.jp/shougai/whitepaper/h26hakusho/zenbun/h1_01_03_02.html（2022 年 1 月 4 日閲覧）

中村太郎（2002）『パラリンピックへの招待――挑戦するアスリートたち』岩波書店

日本パラスポーツ協会（2020）『障がいのある人のスポーツ指導教本（初級・中級）』ぎょうせい

日本パラスポーツ協会（2021）『障がい者スポーツの歴史と現状』https://www.parasports.or.jp/about/pdf/jsad_ss_2021_web.pdf （2023 年 9 月 7 日閲覧）

日本財団（2020）「1964 年パラリンピックのおくりもの」https://www.nippon-foundation.or.jp/journal/2020/45188（2023 年 9 月 7 日閲覧）

Ohchr.org（n.d.）*Human Rights Treaty Bodies. UN Treaty Body Database.* https://tbinternet.ohchr.org/_layouts/15/TreatyBodyExternal/Treaty.aspx?Treaty=CRPD（2023 年 9 月 7 日閲覧）

小倉和夫（2019）「障がい者スポーツにまつわるパラドックス：パラリンピックの課題を探って」『日本財団パラリンピックサポートセンターパラリンピック研究会紀要』第 12 号, 1-18. http://para.tokyo/JournalofParalympicResearchGroupvol12.pdf（2020 年 2 月 20 日閲覧）

Purdue, D. E. J., Howe, P. D.（2012）See the sport, not the disability: exploring the Paralympic paradox. *Qualitative Research in Sport, Exercise and Health.* pp.1-17. DOI: 10.1080/2159676X.2012.685102

Purdue, D. E. J., Howe, P. D.（2013a）Plotting a Paralympic field: an elite disability sport competition viewed through Bourdieu's sociological lens. *International Review for the Sociology of Sport.* 0（0）pp.1-15. DOI: 10.1177/1012690212470123

Purdue, D. E. J., Howe, P. D.（2013b）Who's in and who is out? Legitimate bodies within the Paralympic Games. *Sociology of Sport Journal.* 30, pp.24-40. DOI: 10.1123/ssj.30.1.24

スポーツ庁（2016）「競技力強化のための今後の支援方針（鈴木プラン）」http://www.mext.go.jp/sports/b_menu/sports/mcatetop07/list/detail/1377938.htm（2019 年 1 月 5 日閲覧）

スポーツ庁（2017）「第 2 期スポーツ基本計画」http://www.mext.go.jp/sports/a_menu/kaikei/detail/__icsFiles/afieldfile/2019/01/15/1412467_01.pdf（2019 年 2 月 28 日閲覧）

笹川スポーツ財団（2010）「障害者スポーツ施設に関する研究」https://www.ssf.or.jp/thinktank/disabled/2010_report_sports.html（2022 年 5 月 3 日閲覧）

Silver, J. R.（2009）The specialty of spinal injuries in the UK. *The Journal of the Royal College of Physicians of Edinburgh*, 39: pp.79-87.

谷口広明・井上明浩（2022）「オランダにおける障害者と健常者のスポーツ組織の統合とパラアスリートの強化環境：パラリンピック強化関係者を対象としたインタビュー調査から」『アダプテッド・スポーツ科学』20（1）, pp.85-99.

United Nations（2006）*Convention on rights of persons with disabilities*（*CRPD*）. https://social.desa.un.org/issues/disability/crpd/convention-on-the-rights-of-persons-with-disabilities-crpd（2023 年 9 月 7 日閲覧）

World Ability Sports（2023）*History*. https://worldabilitysport.org/about/who-we-are/history/（2023 年 9 月 7 日閲覧）

山田潔（2022）メディアからみたパラリンピック. 上智大学一般教養科目「パラアスリートと考える障がい者スポーツと共生社会」第 10 回講義資料. 2022 年 6 月 20 日入手.

第5章

パラリンピック難民選手団から
みえてくるもの

子安昭子

第1節　パラスポーツと難民

　東京2020大会終了後，ソフィア・オリンピック・パラリンピック・プロジェクト（SOPP）[1] が上智大学生を対象にアンケートを行った。「難民選手団について知っていたか」を尋ねたところ，回答数448のうち75.2% が「知っていた」と答えた。筆者は正直この数字に驚いた。もう少し低いと思っていたからである。もちろん上智大学には1万人近い学生がいるので，これをもって“上智の学生の大半は難民選手団を知っていた”などというつもりは毛頭ないが，それでも回答者のうち7割というのは注目しても良い結果ではないだろうか。

　同じく難民選手団について自由記述での回答を求めたところ，「祖

1　本学の教育精神「他者のために，他者とともに」の教育精神に基づき，東京2020オリンピック・パラリンピック競技会のみならず，ボーダーレスな共生社会の実現を展望する機会を提供することを目的に，教職員と学生が2016年4月に立ち上げたもの。リオデジャネイロパラリンピックや平昌冬季パラリンピックなどへ調査団を派遣したほか，共生社会やオリンピック・パラリンピックに関する講演会や授業の開講，アスリートとの交流会などを行った。東京2020大会の閉幕をもって終了（本書はじめに参照）。

国を追われた選手が難民選手団として参加できることはいいことである」という声が多かった。なかには難民受け入れに消極的な日本政府に疑問を投げかけた学生もいた。「いつか難民選手団の存在がなくなるといいと思う」という記述もあった。確かに世の中に難民がいなかったら難民選手団は存在しないはずである。しかしながら現実には難民は存在する。難民選手団はオリンピック・パラリンピックともに2016年のリオジャネイロ大会から始まった。当時難民選手団を紹介する記事には「世界の6,500万人の難民を代表する」とあったが、コロナ禍の影響で開催が1年延期となり2021年に行われた東京2020大会の紹介記事では難民の数は"8,240万人"であった。そして、世界にいる8,240万の難民のなかに1,200万の障害がある人々がいる。

　難民、障害者、そしてアスリートという3つの個性を持った人々によって構成されているのがパラリンピック難民選手団（Paralympic Refugee Team: 以下、PRT）である。多様性や共生社会、インクルーシブな社会という言葉が頻繁に使われるようになった今日の世界にPRTが伝えようとしていることは何か。われわれはそのメッセージを正しく受け取っているだろうか。学生たちは難民選手団について知っていたと答えていたが、PRTや難民についてもっと知ることで、さらに考えを深めることができるのではないだろうか。本章はこうした視点から、まずは第2節でリオデジャネイロ大会において難民選手団がどのように始まったかを明らかにする。続いて第3節では、東京2020パラリンピック大会に参加した6選手のプロフィールを紹介する。一人ひとりが異なる道のりを経てPRT参加を果たした点に注目する。そのうえで第4節では「難民」に着目し、難民支援をめ

2　オリンピックは7月23日から8月8日まで。パラリンピックは8月24日から9月5日まで開催された。

ぐる国際社会の取り組みの歴史と現状を考察する。第5節ではパラス
ポーツと難民が結びついた PRT はわれわれに何を問いかけているの
か、筆者の考察を述べる。

第2節　リオデジャネイロ大会から始まった難民選手団

　リオデジャネイロオリンピックへの難民選手団（Olympic Refugee
Team: 以下、ORT）に関する最初の報道は2016年6月3日であった。国
連難民高等弁務官事務所（UNHCR）のホームページを通して、出場
が決まった10名の難民選手が紹介された。このなかの1人で水泳選手
のユスラ・マルディニは自伝で、難民選手団が結成されるかもしれ
ないという情報を聞いた時の心の葛藤を描いている[3]。
　一方、PRT については8月5日に国際パラリンピック委員会
（International Paralympic Committee: 以下、IPC）のホームページで発表
があった。リオデジャネイロパラリンピックの開会式は9月7日なの
で、ほぼ1ヶ月前の決定であった。ORT に比べるとやや直前の発表
だった印象を受ける。出場選手は2名（後述）、パラリンピック開会式
での入場行進は難民選手団から始まること、PRT 選手が金メダルを
取った場合には「パラリンピック賛歌」を使うこと、PRT 選手はほ
かの選手同様に選手村に滞在すること、選手やコーチの渡航や滞在
費用は IPC が負担すること、などが明らかになった。
　オリンピックだけでなくパラリンピックでも難民選手団を結成す

3　Mardini, Y. (2018) *Butterfly: From Refugee to Olympian - My Story of Rescue, Hope,
and Triumph.* St. Martin's Press.［土屋京子訳（2019）『バタフライ── 17歳のシリア難民
少女がリオ五輪で泳ぐまで』（キンドル版）朝日新聞出版］

るようにアスリート自身がIPCに陳情したことや，各国のパラリンピック委員会がトレーニングに励む難民パラアスリートの存在を見て，IPCにアプローチを図ったこともPRT結成に一役買ったようだ。ちなみに「パラリンピックの父」といわれるルートヴィヒ・グットマンはユダヤ系の医師であり，1938年にナチスドイツの反ユダヤ主義を逃れて英国に渡った。つまりグットマンも難民だったのである。IPCが毎年発行する年次報告書で「Refugee Team（難民選手団）」という言葉が出てくるのは2016年版以降である。パラリンピックと難民がようやくリオデジャネイロ大会で結びついたといえよう。IPC会長（当時）のフィリップ・クレーブンは「パラリンピックは長きにわたって人権を促進するための重要なシンボルであった。戦争や対立によって生まれ育った土地や祖国を離れざるを得ない何百万もの人々がいるなかで，今は身体を損傷した人々および彼らを取り巻く状況に光を当てる時である」としてPRT結成の意義を強調した。

第3節　東京2020パラリンピック大会に参加した6人の RPT選手のプロフィール

　こうして1960年にパラリンピックが始まって以来初の難民選手団が誕生し，難民であることに加えて障害のある人々の存在に国際社会の目が向けられるようになった。出場したPRT選手はリオデジャ

4　投てき選手であるイラン出身のShahrad Nasajpourのインタビュー記事「Asylum seeking athlete who helped spur on the Refugee Paralympic Team」記事は2021年6月9日。（2022年9月4日閲覧）

5　「Refugees to compete in dedicated team at Rio 2016 Paralympics」記事は2016年8月5日。（2022年9月4日閲覧）

ネイロ大会が2名，東京大会は6名であった。[6] リオデジャネイロ大会
に出場した2名はいずれも東京大会にも名を連ねている。表5-1は東
京2020パラリンピック大会を前に，IPCのホームページに掲載され
た選手のインタビューを基に筆者がまとめたものである。

　わずか6人のライフヒストリーであるが，それぞれが違う人生を歩
み，難民出身のアスリートとしてパラリンピック出場につながった
ことがわかる。母国にいる時からパラスポーツに携わっていた人も
いれば，難民として暮らすなかで事故や病気によって障害が残り，
そこからパラスポーツに出合った人もいる。障害者，難民，アス
リートという個性が自分のものとなっていく過程は人それぞれであ
ることがわかる。

6　ORTはリオ大会には10名，東京大会には29名であった。

表5-1　パラリンピック難民選手団（PRT）に参加した6名のプロフィール

出場した大会	選手の名前	出身国	競技の種類	プロフィール
リオ大会と東京大会	Ibrahim Al Hussein	シリア	水泳	5歳から水泳を始める。父親が水泳コーチ。若いころに出場したアジアチャンピオンシップで2つの銀メダルを獲得。オリンピックを夢見る少年時代。2011年3月15日に始まったシリア危機で人生が変わる。練習のみならず外出もままならなくなる。12年初頭、13人の兄弟や両親は故郷を離れるが、Al Hussein はシリアに残る。自分の家から帰ろうとして狙撃された友人を助けようとして巻き添えになる。その数秒後に爆発がおき、右下肢を失う。左下肢にも重傷を負う。3ヶ月後、安全な場所と治療のためシリアを離れることを決意。ユーフラテス川を渡りトルコに入り、イスタンブールに到着。14年2月、より良い治療を求めエーゲ海を渡りギリシャのサモス島に上陸、首都アテネまで移動。友人を通してギリシャ人の医者で義足治療の専門家と出会う。14年5月、スポーツクラブで車いすバスケの練習を開始、15年10月に練習用プールを見つける（2004年のアテネ大会で使われたプール）。働きながらバスケと水泳練習をする生活。6ヶ月後にアテネで開催された水泳チャンピオンシップに参加、エントリーしたレースで1位を獲得。その後ナショナルチャンピオンシップに参加、金・銀メダルを獲得。このころからギリシャのスポーツ関係者の注目を集めるようになり、16年4月、難民代表の聖火ランナーとしてアテネ市内を走る。この後にメディアからインタビューで難民選手団について聞かれ、その10日後に正式にIPCからリオパラリンピックへの参加要請。開会式でパラリンピック旗手を務める。リオ大会ではメダル獲得はできなかったが、パラリンピック大会の精神を最も強く表すアスリートとしてファン・ヨンデ功績賞（Whang Youn Dai Achievement）を授与される。東京大会にも出場。
	Shahrad Nasajpor	イラン	投てき	脳性麻痺を患い左半身の運動障害。最初はテーブルテニス、その後やり投げ（ハンマー投げ）へ。11年にドバイで開催されたWAS世界ジュニアチャンピオンシップで優勝。15年後半にイランを離れ米国へ。バッファロー大学や同コミュニティで支援者やコーチに出会う。2016年春、リオ大会で難民選手団が結成されるニュースを聞き、パラリンピックでも実現させたいと思い、IPCにメールで陳情。16年8月、IPCがパラリンピック難民チームの結成を発表。本人も出場選手の1人となる。米サンフランシスコに到着後、1ヶ月半は各州を転々としてバッファロー（ニューヨーク州）へ。リオパラリンピックに参加するために必要な書類を求めニュージャージー州の移民局に出向き、責任者を説得、書類を得ることに成功。リオパラリンピック閉会式で旗手を務める。リオ大会のあと、アリゾナに移動。アリゾナ大学で公共マネージメント政策で学位取得。東京大会にも出場。

	氏名	国	競技	
東京大会	Mohammad Abbas karimi	アフガニスタン	水泳	生まれた時から両手が失われていた。12歳の時にキックボクシングを始める。13歳の時，兄がコミュニティ用の25メートルプールを家に近くに建設，水泳を始める。障害があること，またアフガニスタンの治安の問題から，16歳の時にひそかに出国を計画。イランに入り，3日間にわたる過酷な旅を経てトルコへ。2013年から16年までの4年間，4つの難民キャンプで生活。2つ目のキャンプ（身体障害者向けのキャンプ）では毎日プールに通う。トルコ難民生活の間，トルコナショナルチャンピオンシップを含む15のメダルを獲得。彼の存在を知った米国人で元レスリングコーチが，Karimiが米国に移住できるようにUNHCRに働きかけ，16年にKarimiはポートランドへ。17年のメキシコでの世界チャンピオンシップで銀メダルを獲得。19年にロンドンで開催された世界チャンピオンシップの数日後，父親が死亡したためアフガニスタンに帰国（9年ぶり，24歳）。後に米国に戻り，フロリダで新しいコーチのもとで練習を重ね，東京大会出場が決定。
	Anas Al Khalifa	シリア	カヌー	2011年に家族離散（内戦のため）。トルコ国境から3キロのところにある国内の難民キャンプで2年間過ごしたのち，14年にトルコに避難，野菜や果物運搬の仕事をしながら1年を過ごす。15年8月，ドイツに到着（ドイツへの旅は悪夢のようだったと本人は語る）。約2年間にわたり太陽光パネルを屋根に取りつける仕事に従事。シリアに残った家族への送金を行っていた。18年12月7日，雨のなかでの作業中に2階の屋根から転落。4，5日意識が戻らぬ状態。下肢が動かない状態になり，左足のほか何ヶ所か身体損傷。転院を繰り返し，1年半近いリハビリを続ける。シリアの両親を心配させないよう真実は伝えなかった。2つ目の病院でメディカルチームの支援（パラカヌーの選手を友達に持つ身体セラピストを含む）を受け，パラカヌーを勧められる。1988年ソウルオリンピックの銀メダリストで，その後コーチになった人物と出会い，指導を受ける。20年12月，シリアに住む兄が死亡したという知らせを両親から受け取る。失意のなかスポーツをやめようとするKhalifaをコーチが慰留。東京大会出場の有力候補となり，最終的に出場資格を獲得。東京大会閉会式で旗手を務めた。
	Parfait Hakizaimana	ブルンジ	テコンドー	ブルンジ国内の難民キャンプにいた時にキャンプが攻撃に遭い，母親が死亡。本人も重傷を負い，左腕不随。2年間入院しながら治療。リハビリのため様々なスポーツを試し，16歳の時にテコンドーに出合う。20歳の時に父親がバイク事故で死亡。2010年，ブルンジでテコンドークラブを開設するが，国内に広がる暴力のため，15年にルワンダに避難。難民キャンプでテコンドークラブを開設。17年にアフリカパラリンピックテコンドーチャンピオンシップに参加（準々決勝で敗退）。翌年，アフリカ8ヶ国の選手が出場するルワンダ大使カップで優勝。19年には同じ大会で銅メダルを獲得。IPCやルワンダテコンドー連盟などの支援を受け，21年に首都キガリにあるテコンドー種目向けの練習設備がある国営スタジアムを利用できるようになり，コーチとともに練習に励む。ブルンジの情勢が安定したら祖国に戻り，テコンドークラブを再開させることが夢と語る。ルワンダの難民キャンプからパラリンピック東京大会を目指した選手。

| 東京大会 | Alia Issa | シリア | こん棒投げ | 父親が1996年にシリアを離れギリシャへ避難。Issa はギリシャで生まれた。4歳の時に天然痘による高熱のため脳に損傷。言語障害と車いすでの生活となる。Issa が12歳のころに通っていたギリシャの中学校は身体障害者のための学校で，その時の体育の授業が Issa の人生を変えたという。後に Issa のコーチの1人となる人物がその時の体育教師の1人であり，Issa が16歳の時に身体障害者のためのスポーツクラブを紹介した。がんを患った姉とともにノルウェーに移動。同じころ父親が悪性がんのために死亡（Isaa16歳の時）。家族とともにギリシャに戻り，難民申請を行う。ギリシャパラリンピック委員会やアギトス財団が Issa に財政支援。当初 Issa はボッチャを練習。その後こん棒投げ（Club throw）を選択し，練習に励む。20年のギリシャ国内の大会でパーソナルベストを記録，21年5月にスイスで開催された世界パラ陸上グランプリに出場，パーソナルベストを更新。パラ難民選手団初の女性アスリートとして東京大会に参加。 |

※ IPC ホームページのなかの Refugee Paralympic Team（2022年9月4日入手）に掲載された6人のインタビュー記事を基に筆者作成。

第4節　難民問題への取り組み──歴史と現状

　ここまで一括りに「難民」という言葉を使ってきたが，UNHCR の報告書では難民を「故郷を追われた人々」として以下の4つに区分している。すなわち「国内避難民」，「難民」，「庇護申請者」，「ベネズエラ国外に逃れた人々」である。UNHCR は毎年『グローバル・トレンズ』を発表しており，2021年末で紛争や迫害によって住んでいた家や土地あるいは国を追われた人々は推定で8,930万人である（表5-2参照）。東京大会の時の報道で使われた数字（8,240万人）よりもさらに増えていることがわかる。2022年2月24日に始まったロシアのウクライナ侵攻で故郷を追われたウクライナの人々を入れれば，すでに1億人を超え，今や世界の78人に1人がいわゆる「難民」である。

表 5-2　紛争や迫害によって故郷を追われた人々（2012年～2021年）

（単位：百万人）

年	国内避難民	難民*	庇護申請者	ベネズエラ国外に逃れた人々	合計
2012	26.4	15.4	0.9		42.7
2013	33.3	16.7	1.2		51.2
2014	37.9	19.5	1.8		59.2
2015	40.5	21.3	3.2		65.0
2016	40.2	22.5	2.7		65.4
2017	39.9	25.3	3.1		68.3
2018	41.3	25.9	3.5		70.7
2019	45.7	26.0	4.2	3.6	79.5
2020	48.0	26.3	4.1	3.9	82.3
2021	53.2	27.1	4.6	4.4	89.3

*UNHCR 支援対象者および UNRWA 支援対象者の合計

国連難民高等弁務官事務所『グローバル・トレンズ 2021――数字で見る難民情勢（2021年）』
UNHCR Japan. 2022年9月5日入手。

　戦争や紛争によって住んでいるところを追われる人々は古くから存在していたが，難民の数が国際的な対応を必要とする規模に膨れ上がったのは第一次世界大戦とその間のロシア革命の時代からで

あった。戦後間もない1948年，第二次世界大戦前および大戦中に起こった国家間や人種間の対立や差別，政治的・宗教的な迫害から逃れるべく発生した大量の避難民，つまりは人間が人間として生きることを否定された時代の悲惨な教訓から，国連総会では「世界人権宣言」が採択された。ハーバード大学教授で歴史家の入江昭は「世界人権宣言」について「人権（ヒューマン・ライツ）とは，すべての人間が持っている権利であり，それは国籍や性別や人種などとは一切関係ない。（中略）そのような信条を国際社会が受け入れたのは画期的なことだった」と述べている（入江，2014: p.167）。

　その2年後の1950年には難民問題を専門的に扱う機関としてUNHCR[7]が設立され，翌年の1951年7月には「難民の地位に関する条約」の採択（発効は54年4月），そして1966年11月に「難民の地位に関する議定書」が採択された（発効は1967年10月）。一般的にはこの2つのことを「難民条約」と呼んでいる。こうして戦後以降，難民問題に対応するための法や原則，制度の整備が行われたのである。

　しかしながら実際はその後も各地で難民は発生し続けた。UNHCRや難民条約は主として第二次世界大戦に関係する難民を念頭に置いたものであった。時代を重ねるなかで難民問題の規模や範囲は拡大し，発生のメカニズムや要因も複雑になった。特に冷戦終結後の1990年代以降は中東やアフリカ，欧州での地域紛争が激化，次々に新たな難民が発生したのである（例：クルド難民，ルワンダ難民，コソボ難民，東ティーモール難民など）。

　第二次世界大戦後最悪といわれる移民・難民の危機は2015年に発生した。中東やアフリカでの紛争や内戦を逃れた人々を中心に，前

7　UNHCRは発足当初3年間という期限つきの機関であった。その後5年ごとに更新され，2003年の国連総会で「難民問題が解決するまで」の延長が決まった。国連難民高等弁務官事務所（UNHCR）| 国連広報センター (unic.or.jp)（2022年9月5日閲覧）

年比で2倍以上の規模で移民や難民が欧州に押し寄せたのである。こうした状況を深刻に受け止め，2016年9月の国連総会では初めての「難民と移民に関するサミット」が開催された。このサミットは「国際的対応の改善を目指す青写真を作り上げるための歴史的な機会」であり，「国際的な移住に関するガバナンスを強化する重要な分岐点であると同時に，難民と移民の大規模な移動への対応を図るため，より責任ある予見可能なシステムをつくりだすためのまたとない機会」[8]となった。

　2年後の2018年12月には「難民のためのグローバル・コンパクト」(Global Compact for Refugees: GCR)[9] が国連総会本会議で採択された。GCR は上記サミット以降，UNHCR を中心に国連加盟国や国際機関，NGO，企業などが議論を重ね策定された難民に関する初めての国際的な枠組みである。難民問題を特定の国だけに押しつけるのではなく，国際社会が連携して取り組んでいく姿勢を示すものであった。具体的には4つの目的が掲げられた。すなわち，①難民受け入れ国の負担の軽減[10]，②難民の自立支援，③第三国における解決策へのアクセスの拡充，④安全な帰還のための環境整備である[11]。翌年2019年12月には GCR のフォローアップ会合として，「第1回グローバル難

8　国連広報センター「難民と移民に関する国連サミット──9月19日開催へ」https://www.unic.or.jp/news_press/info/20495/（2022年9月7日閲覧）

9　「難民と移民のためのサミット」の開会式で採択された「ニューヨーク宣言」によってGCR の策定が決定された。

10　最も多く難民を受け入れているのがトルコである。2021年末時点で難民受け入れ上位5ヶ国はトルコ，コロンビア，ウガンダ，パキスタン，ドイツである。シリアと国境を接するトルコは7年連続で第1位である。またコロンビアも同様にベネズエラとは陸続きであり，2019年以降はベネズエラを逃れる人々の最大の避難先となっている。また受入国のおよそ8割が低・中所得国であり，上位6位から10位はスーダン，バングラディッシュ，レバノン，エチオピア，イランである。

11　『難民に関するグローバル・コンパクト』3ページ。UNHCR Japan「難民に関するグローバル・コンパクト」https://www.unhcr.org/jp/wp-content/uploads/sites/34/2019/04/Global-Compact-on-Refugees_JPN.pdf（2022年9月6日閲覧）

民フォーラム」[12]がスイスのジュネーブで開催され，国連加盟国や国際機関，NGO などから首脳級および代表級が3,000人規模で参加している。

第5節　PRT が国際社会に問いかけるもの

　第3節で取り上げた6人の難民パラアスリートのプロフィールは世界の難民問題の縮図である。2021年末時点で難民の出身国の上位10ヶ国はシリア，ベネズエラ，アフガニスタン，南スーダン，ミャンマー，コンゴ民主共和国，スーダン，ソマリア，中央アフリカ共和国，エリトリアである。しかも上位5ヶ国で難民全体の69%に相当する。本章では ORT については詳しく言及しなかったが，リオデジャネイロ大会に参加した ORT10名のうち，ブラジルで難民生活を送る2人の選手（ともに柔道）の出身国はコンゴ民主共和国であった。難民選手団を知ることは，まさしく難民問題を知ることである。ファルカス UNHCR 駐日事務所代表はいみじくも「オリンピック・パラリンピックは，日本や世界中の人々が難民問題について学び，刺激を受ける，他に類を見ない機会となる」（ファルカス，2021: p.89）と述べている。

　UNHCR は難民問題に取り組む専門機関として，これまでも難民支援におけるスポーツの役割（スポーツのチカラ）を重視し，障害の有無に関係なく難民の人々すべてが平等にスポーツに参加できるように取り組んできた。それを支えているのは，すべての人が必要もしくは望むサービスや機会にアクセスできること（＝インクルージョ

12　UNHCR，スイス，ドイツ，トルコ，パキスタン，エチオピア，コスタリカの共催。

ン）を重要視する精神である。本章では ORT と PRT を区別して，とくに PRT に注目してきたが，難民の人々への支援という時には障害のあるなしは関係ないように感じられる。もちろん障害があるがゆえの特別な支援が必要ということはあるが，難民アスリートという点では，彼らに対する UNHCR の立ち位置は同じである。UNHCR が行うスポーツに関係する活動では IOC と IPC はしばしば協調的である。その意味では，第5章のタイトルも PRT ではなく難民選手団が国際社会に問いかけるものとしても良いのかもしれない。

　改めて，難民選手団は国際社会に何を伝えようとしているのだろうか。フィリッポ・グランディ国連難民高等弁務官は「難民選手団は世界に勇気，希望を与える特別な存在」と話して，難民アスリートのこれまでの勇気や努力，忍耐力に敬意を表した。[13] 筆者ももちろん同感である。またファルカス UNHCR 駐日事務所代表の言葉にもあるように，オリンピック・パラリンピックを通してわれわれが難民問題について学ぶという考え方にも異論はない。一方で6人の難民パラアスリートのプロフィールを通して感じることは，彼らは難民であり障害者であるとともにアスリートである。彼ら自身，自らの存在が難民や障害のある人々を励まし，あるいは代表するものであると思い，そのために行動していることはインタビューからも読み取れた。しかしながらそれ以上にアスリートとして記録を出すことに重きをおく姿も感じられた。われわれは彼らが難民として，また障害者として生きようとする姿から多くのことを学び，考えるとともに，彼らがまた1人の自立したアスリートであることを忘れるべきではない。

13　UNHCR Japan「Tokyo2020 オリンピック・パラリンピック難民選手団」https://www.unhcr.org/jp/tokyo-2020-the-refugee-olympic-and-paralympic-teams（2022年9月7日閲覧）

引用・参考文献

入江昭（2014）『歴史家が見る現代世界』講談社現代新書

カレン・ファルカス（2021）「難民選手団が人々の心を揺さぶる―スポーツのチカ
ラが示す難民支援の道標」『外交』Vol.68（7 月・8 月），pp.84-89.

第6章

地域社会とパラスポーツ

「心のバリアフリー」に取り組む企業の事例

倉田秀道

　新型コロナウイルス感染症の影響により1年延期となって東京2020オリンピック・パラリンピック競技会が開催された。社会的に賛否両論あるなかで，選手やその関係者にとっては大過なく終了したということになるのであろう。当初，日本における開催意義を「コロナに打ち勝った大会」「復興五輪」として日本政府は掲げていた。しかし本章は，そのことを検証するものではない。世界的視野で開催意義を考えるべきであるという点を検討したい。目指すべき社会に関するメッセージを発信するオリンピック・パラリンピックでなければならない。

　とりわけ，パラリンピックに関してはそのことが求められ，期待された。アスリートの活躍や開閉会式を見れば，一定のメッセージが伝わったと考えても良いだろう。公益財団法人日本パラスポーツ協会によれば，「2030年ビジョン」として，①競技力の向上，②活力ある共生社会の実現，③スポーツの普及拡大という3つを示している

（公益財団法人日本障がい者スポーツ協会．2015; 2021）。また，本書第4章で詳述されているように，国際パラリンピック委員会は，「パラスポーツを通じてインクルーシブな世界の創出」を究極の目標として掲げている。このことから，パラリンピックにおいては「共生社会」が大きなキーワードとなっていることが明確であろう。

　わが国では，2011年に障害者基本法が改正され，それまでの医療モデル（障害を持つ者が日常生活等において受ける制限は，その本人が有する心身の機能の障害に起因するという考え方）から社会モデル（障害は社会的障壁との相互作用によって生じるという考え方）に転換した（詳細は本書第2章参照）。その流れを受けて2013年6月に「障害を理由とする差別の解消の推進に関する法律」（いわゆる障害者差別解消法）が成立し，2016年4月に施行されたが，その中で障害のある人の日常生活を困難にする「障壁（バリア）」として次の4つが明記された。すなわち，①物理的なバリア，②制度的なバリア，③文化・情報面でのバリア，④意識上のバリアである。そして，国や地方公共団体の行政機関等はそれらの障壁を取り除くために「合理的配慮」をしなければならないとしている。この法律は2021年5月に改正され（施行は2024年4月），行政機関等だけではなく「合理的配慮」の提供は事業者（企業）にとっても努力義務から義務へと強化された。

　しかしながら，どのバリアも完全になくすことは容易ではない。物理的なバリアの解消には時間と費用を要する。制度的なバリアや文化・情報面でのバリアの解消も歴史的背景などにより一朝一夕にはいかない要素を多分に含んでいる。意識上のバリアはどうだろうか。これも簡単に消すことができないことは多くの研究で証明されている（北村・唐沢．2018; 栗田．2015）

　しかし，われわれの日常生活において，個人が意識を変えることにより解消できることも多々あるように思える。すべての人々が公

平に社会参加でき，同じ目線でともに歩むためには，心身の特性を持つすべての人々が，さまざまなバリアがありながらも相互に理解を深めようとコミュニケーションを取り，支え合うことが求められる。そのことが，まさに「心のバリアフリー」であるといえるのではないか（倉田，2019）。

　わが国における共生社会という概念は，欧米のそれとは歴史的背景が異なることから，世界の国々と同じ歴史を歩んできたわけではない。今がわが国としての共生社会のあり方を考えるべきタイミングであろうと筆者は考える。その過程では，まさに「心のバリアフリー」が前提となることは，わが国の社会情勢・経済情勢からも数々の文献からも明らかである（鈴木ら，2015; 中野，2018）。パラリンピックが大きな契機となり，「心のバリアフリー」が真の共生社会に向かう橋頭堡になるのではないだろうか。

第1節　パラリンピックの意義と期待されるレガシー

　パラリンピックの歴史的変遷に関しては，本書第4章にあるように，ロンドンのストーク・マンデビル病院のルートヴィヒ・グッドマン博士が第二次世界大戦で負傷した兵士のリハビリテーションの一環として，1948年に病院内でアーチェリー大会を開催したことがその起源といわれている。「失われたものを数えるな，残されたものを最大限に生かせ」（It's ability, not disability, that counts）は，パラリンピックの父とされるグッドマン博士の有名な言葉である。その後，1988年のソウル大会から初めて大会名にパラリンピックが表記され，名実ともにパラリンピックという言葉が用いられ，定着し始めた。現在に至るパラリンピックでは，「多様性」「可能性」といった

キーワードに代表されるメッセージが発信されてきた（田中 , 2020）。
では，東京2020パラリンピック大会では，どのようなメッセージが
発信され，今後どのようなレガシーが創造されるのであろうか。

　前回1964年の東京パラリンピックと今大会を経済的な側面および
社会的な側面から比較すると，パラリンピック開催の意味が見えて
くる。表6-1では，経済的側面から年間労働時間の減少，グローバル
化の進展，1964年当時の約90倍のインバウンド来日数等により経済
の活性化が大きい実態が読み取れる。

表6-1　オリンピック・パラリンピック開催年の環境認識：
1964年と2021年の対比（筆者作成）

	経済 （年間労働時間）	インバウンド	高齢化率	潮流
1964 年	高度成長 （2,348 時間 ）*1	約 35 万人	6.20%	終身雇用 年功序列
2021 年	停滞／グローバル （1,721 時間 ）*1	約 3 千 119 万人 （2019 年）	28.70%*2 （2020 年 ）*2	DX ／ D&I SDGs

＊ 1 ：日本経済新聞社，＊ 2 ：内閣府統計 2020

　一方で，社会的側面から見ると，1964年当時の4.6倍の高齢化率
は，まさに社会課題として顕在化しているテーマであろう。また，
社会の潮流では昨今，DX（Digital Transformation：デジタルトランス
フォーメーション），D&I（Diversity and Inclusion：ダイバーシティ＆イン
クルージョン），SDGs（Sustainable Development Goals：持続可能な開発目

標）等が叫ばれている。これもまた社会課題といって良い。ここでは，社会課題にあたる「高齢化」「D&I」および「SDGs」とパラリンピックの関係性を考えることが重要であろう。パラリンピックの目指す目標を鑑みると，D&I を考えるその先にわが国における高齢化対策も包含され，レガシー創造，カルチャー創出につながるテーマであるといえる（倉田ら, 2019; 倉田, 2021）。このように，東京パラリンピックにおいては，社会課題に対峙することが大きなメッセージとして重要なポイントになると考えられる。

　大会開催に重要な役割を果たした競技会場等の施設は，のちに大会のレガシーとして有用であると考えるが，社会課題の解決に結実するものではない。社会課題に取り組む際には，先に述べた「心のバリアフリー」が重要なファクターとして，その役割を果たすことになるのであろう。このことが，著者が東京パラリンピックを通じて「心のバリアフリー」意識が醸成されることが最大のレガシーになり得るとの考えに至った所以である。

第2節　ヨーロッパとの対比から見えてくる日本の姿

　世界では，福祉制度，障害者支援，高齢者支援などが日本よりも充実している国が多々あることは周知のとおりである。建物などのハード面のみならず，それ以上に人々の意識が高い。幼少期から身についているといったほうが正しいかもしれない。それこそがまさに「心のバリアフリー」なのである。

　例えばヨーロッパでは，伝統に裏づけされた文化・制度・価値観の違い，さらに国策の違いなどで日本との間に大きな差がある。「歴史」「文化」「教育」「制度」など歴史的な背景が異なるが，最も大き

く異なる点は「人々の意識」であろう。当該地域の人々は，子どものころから日本と異なる文化，教育のなかで育ち，当然のことながら「意識」，とりわけ，共生社会，ダイバーシティといった意識についてもわが国の人々のそれとは異なる。学校では，わが国との制度の違いから特別支援学校の類が少なく，重症の障害児以外は一般児童と同じ学校に通学している。したがって，放課後の遊びについても，障害の有無に関係なく一緒に遊ぶ風土がある。

　歴史的に見て，人々が生を受けて以降，地域の環境が地域で生活をする人々を育てるといっても過言ではない。ヨーロッパの多くの国々では職場，建物，街並み，そのいずれもが，歴史的な建造物を除いて，バリアフリー化が進展している。公共交通機関では車いす利用者がバスに乗車する際に，車いすに乗ったままバスに乗車できる乗降システムが導入されている地域も多い。

　では，スポーツの側面ではどのような違いが見られるのであろうか。①地域スポーツ，②合宿・遠征，③大会開催，④競技団体，⑤パラリンピック委員会等の局面で説明が可能となる。地域スポーツクラブに関して，ここではドイツの事例を示す。

　ドイツではサッカーを通じた地域スポーツクラブが伝統的に数多く存在している。そこでは，子どもから高齢者まで好きなスポーツを楽しみ語り合う場がある。背景には地域住民によるボランティア支援があり，住民の日常生活の一部となっている地域スポーツクラブの存在がある（入口ら, 2002）。地域スポーツクラブの運営については，地域住民や地域自治体が長い歴史のなかで支えてきた背景があるからこそ現在に受け継がれているといえる。そこには，ソフト面のカルチャーが存在すると考えられる。いわゆる，「心のバリアフリー」の意識がなければ，長い歴史のなかで地域スポーツクラブの運営は成立しないはずである。

合宿・遠征では，ノルディックスキー強豪国のトップチームとパラリンピックトップチームがフィンランドでの長期合宿を一緒に行っている実態もある（図6-1）。これは，筆者が全日本コーチとして海外遠征に帯同した際の経験に基づく知見である。

図6-1　スポーツにおけるダイバーシティの現場（筆者提供）
フィンランドのオリンピック・トレーニングセンター：
ロシアノルディックスキーチームとパラリンピックチームの合同合宿の様子

　フィンランドのほか，ロシア，スロベニア，ドイツ，ポーランド，スウェーデンなど強豪国が同様の合宿・遠征を行っている（倉

田，2015）。合宿生活中の選手を観察すると，車いす利用のパラリンピックアスリート（以下，パラアスリート）がレストランに入る際にドアを開ける選手がいる。視覚不自由なパラアスリートが外からホテルに入ろうとすると，どこからともなく同僚のアスリートが肩を貸してリードしている。このような光景を筆者は日々，目にしていた。当該オリンピックチームのアスリートに聞いたところ，「ちょっとサポートしているだけ，当たり前のことだよ」と，ごく自然な回答であった。

　競技団体に関しては，オリンピック競技とパラリンピック競技の組織統合（融合といった表現が適切かもしれない）がヨーロッパ各国では進展している（倉田，2015）。スキー競技ではポーランド，フィンランド，ロシアなどが挙げられる。水泳競技ではイギリス，オーストラリアなどに代表される。わが国では，公益財団法人全日本柔道連盟の傘下に視覚障害柔道連盟が加盟，公益財団法人日本サッカー協会の傘下に障がい者サッカー7団体が加盟する障がい者サッカー協会が加盟，公益財団法人日本水泳連盟の傘下に一般社団法人日本パラ水泳連盟が加盟といった事例があるが，いずれもヨーロッパ各国のそれとは異なり，オリンピック競技団体とパラリンピック競技団体がスクラムを組む形式での統合（融合）には至っていない状況である。各国のオリンピック・パラリンピック委員会の統合（融合）に関しては，ヨーロッパ各国では増加しているものが，わが国においては依然，道なかばというべき状況である。

第3節　地域社会における社会課題の解決に向けたパラスポーツ支援

　上述のとおり，ヨーロッパの潮流は多様性・共生社会がいわば当たり前の姿である。わが国においては，地域社会レベルでも，2021年のパラリンピックの開催が契機となってパラスポーツを通じた多様性の理解・共生社会の実現に向けた風土が芽生えてきたといえるであろう。前述したとおり，人々が心のバリアフリーの意識を持つことが最も大事なことだと認識している。そして，人々の意識を醸成するには地域での取り組みが重要となる。本質的には，地域自治体における取り組みが肝要であると同時に，そのことは地域における社会課題解決への呼応そのものである。

　地域における社会課題は，地域特性により異なるものの，高齢化，子どもの育成，多様性，空き家など枚挙にいとまがない。そしてパラスポーツを通じた取り組みを考える時，地域においては，主にパラアスリートの講演会・パラスポーツ体験会などの取り組みを行うケースが東京2020パラリンピック大会の数年前から現在に至るまで増加傾向にある。そういった取り組みが大会終了後の現在に至るまで行われている事実そのものをレガシーの1つと呼べるかもしれない。それは，パラスポーツを知る機会であり，多様性の理解を深める機会であり，高齢者や子どもの対策に反映する機会であり，さらに当該競技の普及にもつながるものと思われる。

　一例を示すと，高齢者と子どもがボッチャを一緒に体験する機会は地域でのコミュニケーションの場作りとなり，身体を動かす機会を作ることになることから健康増進にも役立つものである。したがって，地域での取り組みでは，パラスポーツを通じてあらゆる地域課題に向き合うこととなり，地域への貢献につながるものと考え

られる。 内閣府による共生社会ホストタウン制度等により，現在では全国で多くの自治体が同様の取り組みを進めているが，比較的早い段階から山形県，鳥取県，佐賀県，北海道札幌市，東京都世田谷区，山口県宇部市などの自治体がパラスポーツを多様性・共生社会につなげる取り組みを行っている（倉田ら, 2019）。

第4節　企業における特徴的な事例

　ここでは，あいおいニッセイ同和損害保険株式会社（以下，あいおい社）の事例を示す。あいおい社は，自動車保険を主軸とするMS&AD インシュアランスグループホールディングスの中核を担う損害保険会社である。2014年よりスポーツ振興をスタートし，2015年よりアスリート雇用を開始。スポーツ支援の社会的な波及効果が大きい取り組みを行う企業として東京都スポーツ推進モデル企業に5年連続で認定を受け，その評価により，2020年度には東京都より「殿堂入り企業」の認定を受けている。

　所属アスリート20人（2023年4月1日現在），うちパラアスリート13人を擁し，東京2020パラリンピック大会に7選手を輩出するなど，スポーツ支援・アスリート雇用では高い実績を有する企業である。アスリート雇用によるスポーツ支援の取り組みを通じて「人材育成・共生社会の理解」を促進し，持続可能な社会の維持に貢献する取り組みにつなげているあいおい社の活動は，マーケティングとその役割から見ると，「スポーツメセナ・コーポレートスポーツ複合型」に分類されることが特徴になろう（佐々木, 2005; 永田, 2008; 2010; 原田ら, 2004）。あいおい社におけるスポーツ振興は，社内の一体感醸成，社員のモチベーション向上，パラスポーツを通じた多様性の理解促進

など，その狙いは明確である。以下，あいおい社提供の資料および
ヒアリングにより，その実態を調査・整理した。

(1) アスリート雇用

　一般的には，企業におけるアスリート雇用は，期限つきのアス
リート契約あるいは競技戦績による契約が多いようである。あいお
い社は，他の企業と一線を画し，「アスリート雇用はスポーツ支援
の本質」と認識して行っている。とりわけ，あいおい社の3つの採用
指針は，パラアスリートにとって地域での応援の輪が広がるととも
に，社会における活躍の場をもたらし，将来にわたり経済的基盤が
確保できるという大きなメリットがある（表6-2）。そこには，経済的
基盤確保のみならず，アスリートの環境整備，活躍の場のすそ野拡
大，引退後の社会でのポジション確保など，大きな意義がある。こ
のことは，障害のあるアスリートにとって極めて重要なことであろ
う。

表6-2　あいおい社における3つの採用指針

①デュアルキャリア：業務と競技を両立
②エリアサポート　：頑張る選手を地域で支える
③セカンドキャリア：競技引退後も継続雇用

　アスリートの環境整備について，競技力の向上面については，競
技に集中しやすい環境作りを構築し，アスリートの競技生活を支え
ている。具体的には，①みなし勤務による練習時間の確保，②一般

社員と同様の休暇取得により「ON」と「OFF」の切り替え，そのことにより休む勇気を持たせる，③遠征・合宿等の費用をあいおい社が負担し，アスリートの自己負担を解消，④必要経費の月例給与での支給による身体ケア促進，⑤レースウェア等の支給などが挙げられる。

業務面では，①練習拠点・自宅所在地を考慮した勤務地・職場配置，②配属前に職場ビルのバリアフリー化，③車いす利用者の駐車場確保，④職場社員向けの「心のバリアフリー研修」の実施，⑤特に知的障害の場合には先輩社員によるサポート制度などが挙げられる。

(2) アスリートへの教育

所属企業としては，アスリートを教育・育成する責任がある。あいおい社は定期的な研修会（アスリート研修会）を実施し，人間力向上を図っている。オリンピック競技のアスリートとパラアスリートを分けることなく一緒に研修を行うことにより，オリンピック・パラリンピック融合の小さなコミュニティで運営していることが特徴点である。研修メニューは充実しており，①ハラスメント，②コンプライアンス，③ダイバーシティ，④モチベーション，⑤アンチドーピング，⑥目標設定，練習計画，ピリオダイゼーション，⑦食育，サプリメント，⑧コミュニケーションの基本，⑨自分スタイル作り，⑩外部講師によるセミナー，⑪選手同士のディスカッション，意見交換等である。

所属アスリートの生の声として，「競技団体ではこのような研修は行われないのでありがたい」「パラアスリートとのコミュニケーションの場があり気づかされることが多い」「障がいの有無に関係なくアスリートとして対応してくれることに感謝したい」「刺激を得られ

る」「励みになる」といったものが挙げられる（あいおい社資料より抜粋）。

（3）アスリートによる地域での活動

　あいおい社では，職場で業務を行うことのみならず，所属アスリートによる地域での社会活動を奨励し，図6-2に示すとおり，アスリートの社会での活躍の場作りを具現化している。

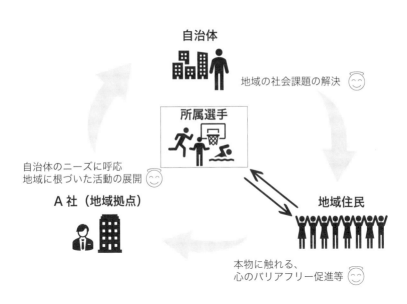

図6-2　自治体との連携による所属アスリートの活躍の場作りモデル（筆者作成）

　アスリートが社会で活躍するための場作りとして，地方自治体との連携に基づく取り組みを展開している。地域で連携することは，

地域課題への呼応を意図しており，SDGsにおける持続可能性の追求につながるものとして定着している。一方で，所属アスリートの立場から見ると，アスリートの成長の場となっている。地域活動における講演などを通じ，アスリートの講演スキル向上やコミュニケーション力向上につながり，アスリートの能力開発の場にもなっている。

(4) 社員による大会応援

　所属アスリートが出場する大会への応援活動も積極的に行っている。企業・団体にとってパラスポーツと多様性の関わりを訴求する場合には，大会を観戦する・応援することがその基礎ステージとなるケースが多い。あいおい社では，応援への参加により，社員の意識変革につながっているという。あいおい社が大会応援活動を開始した2014年は，応援参加に年間5大会を設定した。初年度はパラスポーツ大会の応援観戦を実施したが，いずれの大会も，会場には関係者のみで，観客席はほぼ空席の状況であった。その後，アスリート雇用も進展し，近年では所属アスリートが出場する大会の応援活動は，年間約20大会を全国で実施，参加社員は延べ2,500人ほどにのぼる（図6-3）。

　また，大会応援参加者を対象に必ずアンケートが実施され，その回答がKPI（Key Performance Indicators：重要業績評価指標）として社内活用されている。それによると，社員の意識変革の推移傾向が見て取れる。

　表6-3に示すとおり，パラスポーツ大会の応援活動を開始した2014年・2015年では，初めてパラスポーツを観戦した社員が多いことも一因であろうが，「感動した」「すごかった」「面白い」といった表面的ともいえる意見・感想が多く見られた。また，当時は所属選手が

いなかったこともあり，応援する対象が明確でなかったため応援し
づらかったことに対する今後への期待も多かったとみられる。アス
リートとの交流を希望する意見があることがその証左である。

　一方，2018年・2019年の回答では，社員が自分事として捉え始め
ていることが顕在化している。「選手の活躍が誇らしい」「自分を見
つめ直した」「選手と交流できたことがうれしかった」「一体感のあ
る応援を体感した」といった意見・感想が多く寄せられた。今後へ
の期待として，「パラスポーツを体験したい」「選手の練習・業務な
どを知りたい」と具体的な行動につながる見解が示された。社員の
意識変革が具現化されてきたといえよう。

図6-3　大会応援（あいおい社提供）

表 6-3　大会応援による社員の意識変革推移（あいおい社資料, 2020）

	2014 年・2015 年 （17 大会、1,444 名）	2018 年・2019 年 （21 大会、2,567 名）
参加理由 （上位 5 回答）	1　興味がある（初観戦） 2　感謝の月の活動として 3　一体感を持った応援がしたい 4　社会貢献活動として参加 5　ポスター・お知らせを見て興味を持った	1　所属選手の応援をしたい 2　一体感を持った応援がしたい 3　興味がある（初観戦） 4　今年も観戦したい（リピーター） 5　社会貢献活動として参加
参加した感想	1　良い　　44% 2　とても良い　45%　　89% 3　普通　　8%	1　とても良い 56% 2　良い　　42%　　98% 3　普通　　2%
参加者の 特徴的な意見 （自由意見） （上位 5 回答）	1　選手の頑張っている姿に感動した 2　もっとたくさんの人に知ってほしい 3　想像以上に迫力があり面白い 4　もっと一体感を持った応援がしたい 5　応援だけでなくボランティアもしたい	1　当社の取組み、選手の活躍が誇らしい 2　選手の頑張りに自分を見つめ直した 3　選手の挨拶がうれしかった 4　社員一体の応援が良かった 5　迫力があり面白い、スポーツだと思う
今後の大会 応援活動に 期待すること	1　応援対象の明確化・一体感醸成の工夫 2　応援参加できるメニューの拡充 3　社員・代理店への参加呼びかけ強化 4　アスリートとの交流会開催を希望	1　選手が普段どのような練習、業務をしているか知りたい 2　実際にパラスポーツを体験してみたい 3　自治体のイベントで選手にお世話になり応援に来た 4　社員向けにも講演会・体験会を希望

（5）スポーツ振興・パラスポーツ支援の効果

　企業にとってスポーツ領域の経営的効果を定量的に計ることは容易ではない。スポーツ関連事業を有する企業であれば，スポーツとビジネスが直接的につながり効果検証の対象となるが，一般的には，スポーツ支援とビジネスは直接的にその効果を得られるものではないと考える。したがって，定量的な効果を示すことは難しいが，定性的な側面からの効果を知ることは可能であろう。

　あいおい社によれば，2014年にパラスポーツからスタートしたスポーツ支援が，現在では社内外での認知度の広がりも得られ，経営上も効果を得ているという（日本財団ほか，2016）。その効果としては，①パラスポーツ支援を通じて社内の多様性理解が浸透し始めた，②社内の活性化が図られた，③社内の一体感が醸成されチーム意識も醸成されてきた，④人材教育・育成につながり，アスリートの活動が地域での教育支援に結実している，⑤地域，とりわけ自治体との連携効果が大きく進展した，⑥所属アスリートの育成につながっている，⑦競技力のみならず人間力醸成にも効果があるといったことが挙げられる。また，経営的な効果のみならず，あいおい社のスポーツ支援の取り組みはSDGsに連動しており，社会的に意義ある取り組みであるといえる（図6-4）。

図6-4　あいおい社におけるスポーツ支援に関するSDGs

第5節　まとめ

　以上，本章では地域社会とパラスポーツとの関わりについて，その意義を述べてきた。さらに，1つの企業が，所属するパラアスリートを通して地域社会と連携し，共生社会の実現に貢献でき得ることを示した。2021年の東京パラリンピックを観て，多くの人々は何を感じたのだろうか。パラリンピックは「心のバリアフリー」を考える大きなきっかけとなったのではないだろうか。スポーツを通じて考えると，難しいことも理解しやすい。

　まず少しだけ自身の意識を変える努力をしてみることが重要であろう。そのことこそが「心のバリアフリーカルチャー」がつくられる第一歩であり，東京2020パラリンピック大会の大きなレガシーの1つとして残すべきものであると考える。

引用・参考文献

原田宗彦・藤本淳也・松岡宏高（2004）『スポーツマーケティング』大修館書店

入口豊・太田順康・馬場裕樹（2002）「ドイツにおける地域スポーツクラブの事例的研究——Niederau サッカークラブの経験を通して」『大阪教育大学紀要 第IV部門：教育科学』50（2）

倉田秀道（2015）「フィンランドクロスカントリーチームはなぜ再び強くなったのか？；Rebuilding Finnish Cross? Country Skiing team」早稲田大学大学院スポーツ科学研究科修士論文（未発表）

倉田秀道・谷口弘明（2019）「パラアスリートと考える障がい者スポーツと共生社会『あいおいニッセイ同和損害保険株式会社連携講座報告書』pp.114-129.

倉田秀道（2021）「パラリンピックがもたらす「心のバリアフリーカルチャー」構築に向けた理論と実践」『日本リハビリテーション看護学会誌』11（1），pp.6-13.

永田靖（2008）「企業価値創出のためのスポーツアカウンティングの必要性」『広島経済大学経済研究論集』31（2），pp.37-48.

永田靖（2010）「スポーツイベントにおけるビジネスモデルの特性」『広島経済大学経済研究論集』33（2），pp.41-50.

中野泰志（2018）「精神障害と視覚障害を題材とした「心のバリアフリー」研修──障害の理解から人権の理解への展開」『福祉のまちづくり研究』20（3），pp.60-63.

北村英哉・唐沢穣（2018）『偏見や差別はなぜ起こる？──心理メカニズムの解明と現象の分析』ちとせプレス

公益財団法人日本障がい者スポーツ協会（2015）『障がい者スポーツの歴史と現状』38-40．https://www.parasports.or.jp/about/pdf/jsad_ss_2023_web.pdf

公益財団法人日本障がい者スポーツ協会（2021）「JPSA「2030年ビジョン」：活力ある共生社会の実現に向けて」https://www.parasports.or.jp/news/JPSA%20%E3%80%8C2030%E5%B9%B4%E3%83%93%E3%82%B8%E3%83%A7%E3%83%B3%E3%80%8D.pdf

公益財団法人日本財団・日本政策投資銀行（2016）「企業による障害者スポーツ支援に関する共同調査──インクルーシブな社会の実現を促す企業活動」8-10．https://www.dbj.jp/upload/investigate/docs/book1603_01.pdf

栗田季佳（2015）『見えない偏見の科学──心に潜む障害者への偏見を可視化する』京都大学学術出版会

佐々木勝（2005）「企業がスポーツチームを持つべきか」『日本労働研究雑誌』(537)，pp.46-48.

鈴木大地・成田真由美（2015）「心のバリアフリーを目指し，2020年東京大会はゴールではなく通過点」日本体育学会大会予稿集第66回，pp.20-21.

田中暢子（2020）「パラリンピックの推進からみた共生社会への貢献」『スポーツ教育学研究』40（1），pp.79-82.

第3部
公開シンポジウムの記録

　第3部は，2022年3月25日，上智大学四谷キャンパスにおいて，上智大学多文化共生社会研究所主催，あいおいニッセイ同和損害保険株式会社後援で開催された公開シンポジウムの記録である。

　このシンポジウムでは「パラリンピックの開催と共生社会の実現」というテーマの下，まずはじめに調査報告として，東京2020パラリンピック大会の開催に合わせて実施した大規模調査の結果を報告した（第7章）。その調査は日本全国の20代から60代の男女約4,000名を対象として，障害者スポーツへの興味・関心や障害者に対するイメージの変化をパラリンピックの開催前と開催後に調べたものである。

　続く第8章は，わが国の障害者スポーツに関わってきた有識者による討論会を掲載した。この討論会では，第7章で紹介した調査の結果を基にして，3名のシンポジストと1名のモデレータによって様々な角度から議論が展開された。

　なお，文章のまとめは編者による。

第7章

パラリンピックの開催が
障害者イメージに及ぼす影響

4,000人の追跡調査から

久田満

第1節　パラリンピックの起源と開催意義

　早速ですが，皆さんはパラリンピックの起源をご存じでしょう
か？
　それは，後にパラリンピックの父といわれるルートヴィヒ・グッ
トマン博士による「リハビリテーションにスポーツを導入しよう」
という考え方からでした。第二次世界大戦中の1943年，彼はロンド
ンにあったストーク・マンデビル病院で脊椎損傷センターを立ち上
げて初代所長となりました。この脊椎損傷センターに入院している
患者さんというのは，戦争によって大きな怪我を負って身体が不自
由になった人たちです。その人たちにスポーツをやってもらおうと
思いついたわけです。
　スポーツを導入することで，どのような効果が生まれるのか。そ
の後いくつかの良い面が証明されます。たとえば身体面では残され

た機能が強化される。精神面では生き甲斐や自分に対する自信，あるいは人生を楽しむというポジティブな面が観察される。そして3つ目として，ここが重要なところですが，社会面での効果です。社会に生きている健常者の意識のなかに存在する障害者に対する偏見が是正され，障害者に対する理解が促進されました。その結果，障害者が社会参画できるようになった。これがグットマン博士が考えた「スポーツを医学に導入する意味と効果」でした。

そこで博士は，第二次世界大戦が終わった3年後の1948年，ストーク・マンデビル病院の中庭で「第1回ストーク・マンデビル競技大会」を開催しました。これがパラリンピックの起源になったといわれています（詳細は第4章）。東京2020パラリンピック大会の参加選手数は4,393人（日本パラリンピック委員会公式ページ）でしたが，「パラリンピックの起源」といわれるこの大会は，戦争で障害を負った16人の元英国軍人が参加したアーチェリー大会だったのです。

さらに，博士は大会をただ開催したというだけではなく，大会の存在を広く社会に知らしめるために，一般公開して誰でも見に来られるようにしました。また，この年（1948年）はロンドンでオリンピックが開催されたのですが，その開会式と同じ日にこの大会を開催し，より多くのイギリス国民の注目を浴びるような仕掛けをしました。それが今日のパラリンピックにつながることになったわけです。

ところで，現在，国際パラリンピック委員会（International Paralympic Committee: IPC）が，ビジョンとミッションを大きく掲げています。

まずビジョン，つまり最終的にパラリンピックは何を目指しているのかに関しては「パラスポーツを通したインクルーシブな世界の創造（Make for an inclusive world through Parasport）」とあります。これがパラリンピックの最終ゴールということです。

そして，そのためのミッションとして何をするのかというと「パ
ラリンピックムーヴメントを主導するためにパラリンピック競技大
会を統括し，パラアスリートがスポーツの卓越性を達成できるよう
登録国をサポートする」とあります。IPC に登録した国をこの委員
会が様々な面でサポートすることによって，最終的なビジョンであ
る「インクルーシブな世界の創造」につなげようということです。

第2節　パラリンピック開催の影響

　このビジョンとミッションがうまくいっているかどうかについ
て，パラリンピック研究の第一人者であるイギリスのイアン・ブリ
テン博士が2012年のロンドン大会後に報告を出しています（Brittain,
2016）。それによると，調査対象者によって意見が異なっていたり，
調査結果が逆になっていたりする場合があるということがわかりま
した。
　イギリス政府やロンドン市による調査では，回答者の81％が「障
害や障害者に対する態度が良い方に変わった」と答えています。ま
た，障害者スポーツ実施率が増加し，4年後のリオデジャネイロ大会
に向けてパラスポーツに携わる人たちの強化費が増加したり，地域
スポーツの活性に向けたバリアフリーのための助成金が増加したと
いうことでした。障害者スポーツが地域に広がって，そのために必
要なハード面でのバリアフリーのための予算が増えたということで
す。さらに，公共交通機関のアクセシビリティが改善され，車いす
の人でもバスや電車，地下鉄を使っていろいろなところに移動しや
すくなったということでした。
　一方，障害者団体を対象として行われたロンドン大会を通じてど

うだったのかという調査においては，81％が「健常者の態度に変わりがない」と回答していました。つまり，まったく逆の結果が出たということです。さらに22％が「以前より状況は悪化した」と回答しています。また17％が，敵意を向けられたとか，危害を加えられるような恐怖を感じたというような報告をしていて，健常者と障害のある人たちとの間で何らかの摩擦のようなものが起こっていると感じられる回答をしています。

　ただ，どちらの調査も，ロンドン大会を運営した人たちや障害者に対して「どう思うか」と訊ねた研究です。どちらでもない大多数の一般の健常な人たちに対して，このロンドン大会あるいは他のパラリンピックという大きなイベントがどうだったのかという調査・研究は，我々が調べた限り，ほとんどないということがわかりました。

　ブリテン博士の報告では，次のようにまとめられています。

　　　パラリンピックも，1940年代に始まって50〜60年が経った（正式な第1回目は1960年）。初期には，パラリンピックを通して障害者の社会復帰や社会参画が促進され，やがてこのアイデアは世界的な大規模スポーツイベントに発展を遂げ，世界における障害者の社会復帰・社会参画を促進した。しかし一方で，現在行われているパラリンピックについては，パラリンピックが共生社会の構築に直接寄与しているという証拠がない。むしろ先程の調査結果のように，相反するデータが存在する。一方は良かったと言い，一方はそうではなかったと言う。

　もう1つ，「パラリンピックのパラドックス」と呼ばれる現象が生

じていることも指摘しておきたいと思います。パラリンピックに出場するようなパラアスリートたちのパフォーマンスは，いろいろなトレーニングや科学的な方法を使って競技を重ねていくと向上するのですが，それと反比例するように共生社会が遠ざかっていくというのです（小倉，2019）。なぜかというと，障害のある人がスポーツに取り組むことによって，障害者からアスリートに変わっていく。すると，スポーツに縁遠い大多数の障害者と，アスリートに変わった人たちの間に大きな隔たりが生じてしまう。そしてその結果として，健常者の障害者に対する偏見がより助長されるのではないかということなのです。つまり障害者がどういう人かきちんとわかっておらず，普段交流もない健常者にとっては，パラリンピックで活躍するアスリートも，そんなことにまったく興味がないスポーツに縁遠い障害者も，同じように見えてしまう。それによって，活躍するパラアスリートを尊敬する反面，軽蔑や妬みも生まれてしまうというのです。

　表彰台に上がってメダルをもらうようなパラアスリートのヒーロー像は，何かに一生懸命取り組んでいる障害者の人生を豊かにするかもしれません。しかしそのような障害者は，実は少数派です。期待に応えられない，スポーツなどはとてもやれない，あるいはまったく興味がないというような大多数の障害者の人生経験を，パラリンピックで活躍するヒーロー像は否定することになるのではないか。こんな厳しい意見も発表されています。

　私たちはこのような様々な見解や調査結果を受け，パラリンピックを開催すると本当にIPCのビジョンに掲げられているような共生社会が生まれるのか，そういう社会に近づくのか，ということを今回の東京大会で調べてみたいと思ったわけです。

第3節　障害者とは

　日本では法律上，障害者がどんな人なのかが定義されています。障害者基本法や障害者差別解消法では，障害者というのは「身体障害，知的障害，精神障害（発達障害を含む）その他の心身の機能の障害がある者であって」，ここからが大事ですが，「障害及び社会的障壁により継続的に日常生活又は社会生活に相当な制限を受ける状態にある」人たちのことを言うと定義されています。

　日本の障害者の数ですが，令和4年版『障害者白書』では，日本国民のおよそ7.6％と書かれています。大雑把に考えると1割近い人が，日本のなかで障害者に該当するのではないかと思われます。

　次に，先程の定義にあった「障壁」についてお話しします。障害がある方は，障害という不都合な状態だけではなく，障害者を取り巻く社会の壁によって，日常生活・社会生活を営むことが困難になっているということです。国土交通省発行の『障害ってどこにあるの？こころと社会のバリアフリーハンドブック』には，4つの障壁（バリア）について書かれています。まず物理的な障壁です。段差がある，エレベーターがない，トイレが使いづらいなど。次が制度的障壁。資格や免許が取れないなど。文化・情報面での障壁は，音声案内がない，点字がない，手話通訳者がいない，字幕が放送で出てこないなど。

　これに加えて4つ目の障壁が意識上の障壁，「心のバリア」です。健常者の心ない言葉や視線。逆に庇護されるべきで，守ってあげなければいけない弱くてかわいそうな存在だという認識。そういう健常者の意識が壁となって，障害者を生きづらくする。そういうことがはっきりと書かれています。

　我々が今回行った調査では，この意識上の障壁，すなわち「心の

バリア」をどうやって取り除くか，あるいは少しでも低くするかという課題に取り組むための基礎資料となるデータを集めました。

第4節　調査の概要

　では調査の概要に入ります。

　最初に2点，確認しておきたいことがあります。まず1点目として，この調査は上智大学「人を対象とする研究」に関する倫理審査委員会の審査を受け，承認を得て行っています。もう1点は，これ以降，漢字で「障害者」と書く場合と平仮名を使った「障がい者」と表現する場合とがありますが，その間には特に違いがないということです。

　この研究で明らかにしたいことは，ずばり「東京2020パラリンピックの開催は，はたして共生社会の実現につながるのか？」です。具体的に言うと，東京でパラリンピックを開催すると，健常な日本人の障害者に対するイメージが良くなるのかどうか。さらに，先程強調した4つ目の「意識上の障壁」，すなわち障害者に対する偏見や差別がなくなるのか，あるいは少しでも減るのか。これらの点を検証したいということです。

　調査は，株式会社マクロミルに登録している数十万人のモニター会員のなかから，4,000人の方にアンケートに協力してもらいました。20代〜60代の男女各400名で，合計4,000人です。

　調査期間ですが，東京2020パラリンピック大会は1年延期され2021年8月24日〜9月5日に開催されましたので，調査はその開催前と後の2回行いました。事前は2021年7月29日・30日の2日間，事後は最終日の9月5日から少し時間を空けた9月21日・22日の2日間で，オンライ

ンで一斉に調査しました。2回の調査の対象者は同じ人たちで，質問内容もほぼ同じでした。同じ人が，パラリンピックの前と後に2回，同じ質問に回答したということになります。

　次に研究デザインです。少し難しくなりますが「不等価統制群事前事後テストデザイン」といわれるデザインで実施しました（図7-1）。これは2つのグループを作って，事前の調査と事後の調査をやるやり方です。1つ目のグループは東京パラリンピックに関心を持っている，関与している人たち。もう1つのグループは，東京パラリンピックにあまり関心がない，関与していない人たち。この2つのグループに分けて，それぞれパラリンピックの前と後で調査をしました。

図 7-1　研究デザイン（不等価統制群事前事後テストデザイン）

　この調査では，健常者といわれる人が抱く障害者に対するイメージ・障害者像を数値化し，その得点の変化を見ました。そのため，この調査に先立って，まず障害者イメージ尺度という曖昧なイメージを数値化する手法を開発し，その尺度を用いて調査を実施しました。障害者イメージ尺度の作成にあたっては，「障害者とはこういう人だ」という障害者像を過去の文献や研究者自身の臨床体験に基

づき数多く集めたうえで，因子分析と呼ばれる統計学的方法を用い
て，図7-2に示したように4つのイメージに集約することに成功しま
した（久田・落合・伊藤・山田，2022）。

第1因子：がんばっている存在
・障がい者は強い意志を持って生きている
・障がい者は常に前向きに生きている
・障がい者はチャレンジ精神にあふれている
・障がい者は一生懸命生きている
・障がい者は立派である

第2因子：かわいそうな存在
・障がいを持つことは悲しいことだ
・障がい者はかわいそうだ
・障がい者は普通の人より不幸である
・障がい者を見るとつらくなる

第3因子：健常者と変わらない存在
・障がい者は必要な環境が整っていれば健常者とほとんど変わらない
　生活ができる
・障がい者と健常者には大きな違いはない
・障がいがあっても何でもやらせてあげるべきだ
・障がい者と健常者の違いは外見だけである

第4因子：感動を与えてくれる存在
・障がい者を見ると自分もがんばろうと思う
・障がい者ががんばっている姿を見ると感動する
・障がい者は応援すべき存在である

図7-2　因子分析による4つの障害者イメージ

最初のイメージは，障害者というのは「がんばっている存在」だということです。「障がい者は強い意志を持って生きている」「障がい者は常に前向きに生きている」「障がい者はチャレンジ精神にあふれている」「障がい者は一生懸命生きている」「障がい者は立派である」。このような質問を提示して，4件法で答えてもらいました。「そう思う」が4点，「少しそう思う」が3点，「あまりそう思わない」が2点，「そう思わない」が1点です。「がんばっている存在」だと思えば思うほど，5つの項目の合計得点が高くなります。

　2つ目は，「かわいそうな存在」だという大きな括りで障害者を捉えている人がいるということです。具体的な質問は「障がいを持つことは悲しいことだ」「障がい者はかわいそうだ」「障がい者は普通の人より不幸である」「障がい者を見るとつらくなる」。これも同じように4件法で聞いて，合計得点が高いほどより強く「かわいそうな存在」だと思っているということになります。

　3つ目は，「健常者と変わらない存在」だという捉え方があるということがわかりました。これについては，「障がい者は必要な環境が整っていれば健常者とほとんど変わらない生活ができる」「障がい者と健常者には大きな違いはない」「障がいがあっても何でもやらせてあげるべきだ」「障がい者と健常者の違いは外見だけである」という4つの質問があって，4件法で聞いています。合計得点が高いほど，「健常者と変わらない存在」であるという障害者イメージを持っているということになります。

　最後の4つ目は，「感動を与えてくれる存在」という障害者像です。「障がい者を見ると自分もがんばろうと思う」「障がい者ががんばっている姿をみると感動する」「障がい者は応援すべき存在である」という質問に対して，「そう思う」「少しそう思う」「あまりそう思わない」「そう思わない」で回答してもらい，合計得点が高いほど

「感動を与えてくれる存在」だというイメージがより強いということになります。

第5節　調査結果

　回答してくださった方の住所で一番多いのは，東京都で34.4％でした。次に神奈川県15.1％，埼玉県10.8％，千葉県8.4％という順番で，それら以外が31.3％でした。

　障害がある人とない人では，障害者に対するイメージは大きく異なることが想定されましたので，「あなたご自身に障害はありますか」という質問をしました。「ない」と答えた方が91.7％でした。次に「あなたのご家族やご親戚に障害のある方はいますか」と質問したところ，「いない」と答えた方が82.3％でした。「これまで，障害のある方と一定の期間，一緒に過ごした経験はありますか」という質問も設けました。その結果，「ない」という人たちが72.8％でした。

　先ほど述べたように，この研究は，障害者のことをよく知らない大多数の方々の障害者イメージを検討することが目的でしたので，このような質問を用いて，障害者が身近にもいないし一緒に過ごしたこともない，障害者とはあまり縁のない生活を送っているという人たちを抽出しました。

　最初の大きな質問は「東京パラリンピックの開催が日本人の持つ障害者イメージに良い影響を及ぼすと思いますか？」です。「はい」と答えた方が74.5％でした。つまり大多数の人が，パラリンピックを開催すると障害者イメージが良くなると答えていました。

　一方で，「これまで障害について教育を受けたことはありますか」という質問をしたのですが，「ない」という人が71.1％と圧倒的に多

かったですね。さらに「これまで障害者スポーツについて教育を受けたことはありますか」という質問に対しては，なんと93.3％以上の人が「ない」と答えていました。

　皆さまご存じのように，新型コロナウイルス感染症の影響で，実際に会場に行って観戦したり，ボランティアとして運営に携わるという関与の仕方がごく一部の人以外はできなくなりました。このことから我々は，東京パラリンピックに関心がある人はテレビ観戦をするだろうと考え，実際にテレビ観戦をどれぐらいしたかを質問することによって，パラリンピックにより関心を持った人とそうでなかった人の2つのグループに分けることにしました。そしてそれぞれのグループが持つ障害者イメージについて，パラリンピック開催前後の変化を検討したわけです。

　まず，こんな質問をしました。「東京パラリンピックの競技のうち，あなたはどれくらいテレビやインターネット等で観戦しましたか？」。この質問に対する回答は「たくさん観た（11種目以上）」という人が4.3％，「かなり観た（7〜10種目程度）」人が8.5％，「少し観た（3〜6種目程度）」という人が25.6％で，合計で38.4％となります。つまり，テレビやインターネットで競技を観たという人は，半分にも及ばなかったということです。逆に，「全く観なかった」という人が39.1％で，観ても1〜2種目程度の「ほとんど観なかった」人の22.5％をいれると，合計で61.6％の人があまり観ていなかったということがわかりました。

　この研究では，テレビやインターネット等で観戦した人を「観戦群」としますが，その割合は全調査対象者の38.4％（1,020人）でした。もう1つのグループが，観なかった，観てもせいぜい1〜2種目だという人で61.6％（1,887人）でした。この人たちを「非観戦群」とし，この2つのグループで，障害者イメージが東京パラリンピックの

前と後でどの程度変化したかを検討しました。

　データの分析は，分散分析という統計的方法を用いて行いました。専門用語になりますが，従属変数は4つの障害者イメージ「かわいそうな存在」「健常者と変わらない存在」「がんばっている存在」「感動を与えてくれる存在」のそれぞれの得点です。これらの従属変数に対して，時期（大会前か後か）を参加者内要因，群（観た群と観なかった群）を参加者間要因とする2×2の分散分析を行いました。

　まず「かわいそうな存在」だと捉えている人たちの得点から見ていきましょう。図7-3に示したように，パラリンピックの前後で，観戦した人もそうでなかった人も変化がありませんでした。どちらもあまり「かわいそうな存在」だと思ってはいない。パラリンピックを観戦しようがしまいが，変わらなかったという結果でした。

　次に「健常者と同じ存在」という障害者イメージについての分析結果です（図7-4）。当然のことながら非観戦者は大会前後で変化はありませんでした。その人たちはパラリンピックに触れていないわけですから，変化はないわけです。一方パラリンピックの競技をテレビやインターネット等で観た人は，「健常者と同じ存在」という意識が上昇しました。グラフが若干右に上がっているのが，それを示しています。つまりパラリンピックを観ていた人は，障害者は健常者と同じであるという意識がより強くなったということになります。

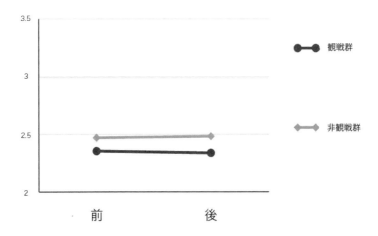

図 7-3　かわいそうな存在に関する分析結果

時期：$F_{(1,2905)} = 0.13, p = .720$　群：$F_{(1,2905)} = 30.83, p<.001$
交互作用：$F_{(1,2905)} = 2.29, p = .130$

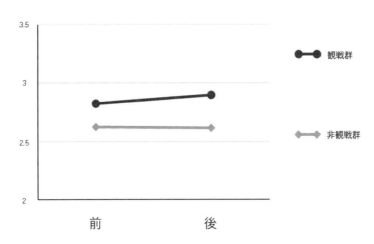

図 7-4　健常者と同じ存在に関する分析結果

時期：$F_{(1,2905)} = 9.23, p = .002$　群：$F_{(1,2905)} = 139.60, p<.001$
交互作用：$F_{(1,2905)} = 12.29, p < .001$

3つ目は，障害者は「がんばっている存在」だというイメージについてです。これも非観戦者は，パラリンピックの前後で何の変化もありませんでした。一方観戦した人たちは，「がんばっている存在」だというイメージがより強くなったことが図7-5からわかります。

　最後に「感動を与えてくれる存在」という障害者イメージについてです。非観戦者はパラリンピックの前後で変化はありませんでしたが，観戦した人は，かなり大きく上昇していることが図7-6からわかります。観戦することによって，障害者は感動を与えてくれる存在だというイメージがその人たちのなかでより強くなったということです。

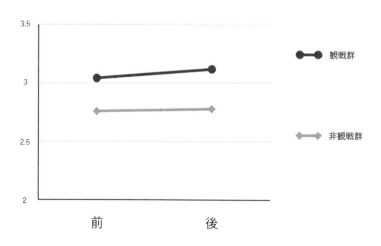

図7-5　がんばっている存在に関する分析結果

時期：$F_{(1,2905)}$ = 22.29, $p < .001$　群：$F_{(1,2905)}$ = 198.48, $p < .001$
交互作用：$F_{(1,2905)}$ = 7.15, p = .008

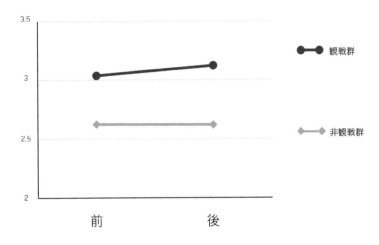

図 7-6　感動を与えてくれる存在に関する分析結果

時期：F（1,2905）＝ 13.15, p<.001　群：F（1,2905）＝ 330.94, p<.001
交互作用：F（1,2905）＝ 15.78, p < .001

第 6 節　調査結果に対するコメント

　以上の結果に対して，コメントさせていただきます。

　まず，パラリンピック開催前に「東京パラリンピックの開催が
日本人の持つ障害者イメージに良い影響を及ぼす」と回答した人
が74.5％でした。かなり高い数字だと思います。開催する前から既
に，パラリンピックをやるとイメージが良くなるのではないかとい
う期待感をかなりの人が持っていたことがわかります。

　次に，障害について教育を受けたことがある人は28.9％で，障害
者スポーツやパラスポーツについて教育を受けた人は6.7％でした。
たった6.7％にすぎなかったといえます。このことから，障害者とい

うのはどういう人か，あるいは障害者スポーツというのはどういう
スポーツなのかということに対する啓発・教育を，もっともっと普
及していく必要があるのではないかと思います。全国の小中学校で
は，東京大会の開催が決まった後から開催までの間に，かなりの時
間を割いて，いわゆる「オリパラ教育」を実施したということです
が，成人に対しても同じような教育の充実が望まれるのではないで
しょうか。

　では，東京パラリンピックに対する国民の関心はどうだったので
しょうか？　本研究の結果，東京パラリンピックをテレビやイン
ターネット等で観戦した人は，「たくさん観た」「かなり観た」を合
わせても12.8％でした。東京などでパラリンピックが開催されてい
ることは，もちろんほとんどの日本人は知っていたと思うのです
が，実際にいろいろな種目を観た人は約1割ぐらいだったのではない
かと推測されます。これを多いと捉えるべきか少ないと捉えるべき
かについては議論の余地があると思いますが，他のスポーツの国際
大会（いわゆるワールドカップ等）と比べるとテレビ等での視聴率は低
いのではないかと思います。

　本研究の中心的テーマである「パラリンピックの開催が開催地の
人々の障害者イメージに良い影響をもたらすのか」に迫ってみたい
と思います。先に説明した4つの障害者イメージが開催前と後でどの
ように変化したのかを検討してみます。

　第1の「かわいそうな存在」というイメージは，他のイメージと比
べてもともと低く，観戦の有無で変化はありませんでした。日本人
のなかでは，パラリンピックの開催以前でも障害者に対して「かわ
いそうな存在」というイメージを持つ人はあまり多くなく，パラリ
ンピックによってそういうイメージを強く持つことにもならなかっ
たということです。2つ目の「健常者と同じ存在」という障害者イ

メージは，観戦した人においてのみ，より強くなりました。観戦しなかった人は特に変わりはありませんでしたので，元々，障害者は健常者と同じだと思っている人たちが観戦することによって，よりそのイメージ像が強くなったということになります。3つ目の「がんばっている存在」というイメージですが，これも観戦した人では強くなりました。4つ目の「感動を与えてくれる存在」というイメージも，観戦しなかった人では何の変化もありませんでしたが，観戦した人はより強くなったということがわかりました。

　以上の調査結果をまとめると，全体として，観戦した人はパラリンピック東京大会の前後で障害者に対するイメージがよりポジティブに変化したといえると思います。

　しかしながら，ここで指摘しておきたいのは，観戦者における障害者イメージは，非観戦者と比較して，パラリンピックの観戦以前に既にポジティブだったことが先程のグラフから読み取れるということです。パラリンピックを観る前から，観る人と観ない人の間で差があったということです。もう少し踏み込んで言うと，元々パラリンピックや障害者スポーツに関心のある人たちがいて，そういう人たちはポジティブなイメージを持っている。その人たちがテレビ観戦をしたということだったのではないかということです。その一方で，そういうポジティブなイメージがなく，そもそもパラリンピックにも興味がない人は，テレビを観なかったと言えるのではないかと思います。

　観戦の有無によって差が大きく変動したのは，「感動を与えてくれる存在」というイメージです。「感動を与えてくれる存在」というイメージは，観た人では大きく点数が上がっています。しかも，観戦した人々は東京パラリンピックの開催前からそういうイメージを持っていて，それがさらにより強化されたということだと思います。

第7節　結論

　以上，たくさんのデータをお示ししたので，この研究の結論を一言でまとめるのは難しいところもあるのですが，次のように言いたいと思います。

　東京2020パラリンピックの開催は，障害者イメージの肯定的変化を促したものの，その範囲は限定的，つまり観戦した人のみでした。そもそも観戦した人は少数派でしたので，一部の人に肯定的変化は見られたものの，多くの人には特に影響を及ぼさなかったということになります。

　最後に，今回の調査から明らかとなった今後の課題を述べます。

　大多数の回答者が障害者スポーツに関する教育を受けていなかったということから，今後，障害者スポーツに関する教育・啓発活動をどのように発展させていくか。またテレビ離れが急速に進む現代において，どのような手法・アプローチが必要かということを検討しなければいけないと思います。

　2つ目は，健常者がパラリンピックで活躍した選手たちを「感動を与えてくれる存在」とか「がんばっている存在」とみなすことは，はたして共生社会の実現にとって望ましいことなのかという疑問です。冒頭で，ある障害者がパラリンピアンやアスリートになることによって，大多数の，スポーツとは関係ない生活を営んでいる障害者と乖離していくという話をしました。今回の調査からも，それを読み取ることができると思います。感動を与えてくれる人々とか，がんばっている人々というイメージは，共生社会，すなわちすべての障害者も健常者もともに尊重し合いながら生きていける社会にとって良いことなのでしょうか。逆に大多数の障害者との心理的距離を大きくする可能性も含まれているのではないかということで

す。これについてはもっと踏み込んだ研究が必要だと思います。

　3つ目の課題についてですが，以前から「感動ポルノ」という言葉があります。障害を持つ人が何かに一生懸命取り組むことによって，そうでない人々が感動するという現象ですが，今回もそういう問題があったのではないかということです。グラフでも「感動を与えてくれる存在」という障害者イメージ像がパラリンピック開催の前ですでに強く，開催後に大きく上昇しています。一般にスポーツが好きな人は競技者のパフォーマンスを観て感動するわけですが，競技者が障害者だからより一層感動するというこの現象について，良いこととして継続していくべきなのかということに対しても，立ち止まって考えてみる必要があるのではないかと思います。

引用・参考文献

Brittain, I.（2016）A critical perspective on the legacy of the London 2012 Paralympic Games. *Journal of Paralympic Research Group*. Vol.5, pp.23-40

久田満・落合優理彩・伊藤慎悟・山田文（2022）「障害者イメージ尺度の作成」『上智大学心理学科年報』第 46 号，pp.89-100.

小倉和夫（2019）「障がい者スポーツにまつわるパラドックス──パラリンピックの課題を探って」『日本財団パラリンピックサポートセンターパラリンピック研究会紀要』第 12 号 , pp.1-18.

東京2020パラリンピック大会の
レガシーとは何か

　第7章で紹介した調査の結果を基にして，3名のシンポジストと1名のモデレータによって様々な角度から議論が展開された。その内容を第8章に掲載する。シンポジストならびにモデレータは以下のとおりである。

〈シンポジスト（肩書は当時）〉

小倉和夫（日本財団パラスポーツサポートセンター理事長）
外務省入省後，外務審議官，駐フランス大使，東京2020オリンピック・パラリンピック招致委員会評議会事務総長を経て，2015年より現職。

大日方邦子（東京オリンピック・パラリンピック大会組織委員会理事）
冬季パラリンピックにおける日本人初の金メダリスト（アルペンスキー）。日本パラリンピアンズ協会会長，日本パラスポーツ協会理事ほか多数歴任。

藤田紀昭（日本福祉大学スポーツ科学部長）
文部科学省「オリンピック・パラリンピック教育に関する有識者会議」委員等を歴任。障害者スポーツに関する施策提言多数。

〈モデレータ〉

倉田秀道（あいおいニッセイ同和損害保険株式会社経営企画部次長）
日本オリンピック委員会強化委員，早稲田大学スキー部監督，上智大学客員教授を歴任。

第1節　調査結果の印象

倉田　シンポジストの皆さん，調査報告の印象はいかがでしたでしょうか。東京パラリンピックのテレビ視聴率は，開・閉会式では個人視聴率が16％ほど，世帯視聴率は23％ほどだったと思います。競技別の細かい視聴率は大体6％〜13％ほどと伺っています。こういった背景を見ると，多くの国民の目線がそこに集中したのかなと思うわけですが，一方で，パラリンピックに関心のある日本人は約10％という調査報告でした。

小倉　非常に精緻な調査が出てきたと思います。ただ，私どもが青山学院大学と共同調査したものとは調査方法が違いますし期間も違うのですが，結果が相当違うのです。たとえばテレビについては，少なくとも私どもが2021年10月に行った調査では，67％の方が見たと言っておられる。これは「観戦した」という意味ではなく，「パラリンピックについてのニュースを見たことがありますか」という質問に対する「テレビで見た」という回答の割合です。それから「観戦した」という人も，48％の人は少なくとも何かを見たと言っておられるのです。1万名近くの人にアンケートしているので，その違いがどこで出てきたかを調べる必要があると思います。同時にこれから考えなければいけないのは，世代別の結果です。世代で相当違います。年配者はテレビを見ているのですが，若い人はあまり見ていない。それからやはり発信源がテレビ以外の場合。たとえばSNSとかについても調査する必要があるのではないかと感じました。

藤田　私も調査をやっているのですが，小倉さんからもあったように，高い比率で見ている人がいるという結果が出てくるのです。今回の場合は，11種目以上見た人というようにきちんと定義してデータを取ってあるので，その部分で数が減っているのではないか

と考えておりますが，非常に精度の高い調査ですばらしいなというのが第一印象です。問題提起をしていく上で，「よかった，よかった。ああ，やってよかったね。みんなが見てくれたね」ということを言うのも1つだと思うのですが，今後の課題を明確にしていくためには，非常に重要な調査結果ではないかと思っております。

　大日方　ひと言でいうと，とてもインパクトのある結果が出たなと思っております。この調査結果を見ると，スポーツ審議会で今回の基本計画を立てた時のことを思い出しました。私たち，スポーツに関わっている人は，どうしてもスポーツをする，あるいは好きな人を前提とした話をしてしまいますが，そうではない「非実施層」あるいは「無関心層」に対してどういうアプローチができるのかがすごく重要なのではないでしょうか。私がスポーツ審議委員会の総会に初めて関わった時にそう言われた方がいらして，その視点を忘れてはいけないということを鮮明に思い出しました。今回のこの調査結果も，私たちのようなスポーツに関わっている人間，自分自身がアスリートで，大会の理事として主催させていただくような活動をやっている人間には見えにくいものや，どこにあるのかわからないことを問題提起していただくところで，すごく重要な調査だったのではないかと思っております。

　倉田　おさらいをいたしますと，パラリンピックの開催と共生社会の実現を紐解くために，4,000名を対象とした調査が実施されました。分析の結果から，大きく3つの点が導かれたのではないかと思っております。

　1つはパラリンピックへの関心に関すること。2つ目はパラスポーツに通じた教育に関すること。3つ目は障害者のイメージに関すること。この3つについて，これから先生方に少しずつ深掘りしていただきたいと思っております。

第2節　パラリンピックへの関心度

　倉田　それでは1つ目の「パラリンピックへの関心度に関して」でございます。パラリンピックに関心のある人たちは10％前後ではないかという調査結果でした。人々の関心や認知は本当にその程度なのか。もしそうならその要因は何なのか。パラリンピックに対する興味の裾野を広げていくためにはどのような手法やアプローチが求められるのかといったことについて，ご意見を伺いたいと思います。

　小倉　私どもも国際比較をしてみました。日本における調査対象は5,000人，他の5ヶ国（アメリカ，ドイツ，韓国，フランス，ブラジル）は各々500人ぐらいです。5,000人と500人を比較することは厳密にいうとできないのですが，大雑把に比較してみますと，やはり国によって非常に違います。どうやってパラリンピックに人々の関心を惹きつけるかを考える時に，どの国がどの競技に関心を向けているかは非常に大事なポイントです。日本の場合は，車いすテニスやボッチャが非常に関心が高い競技です。フランスは自転車，ブラジルはサッカー，アメリカは陸上競技がというように国によって違います。パラリンピック全体に対する関心をどうかき立てるかということはなかなか難しいのですが，まず国民が関心のある競技は何かが問題です。どれかの競技だけに関心が集中してしまうとまずいという面もありますが，国際的な比較の上から見ますと，とにかくポピュラーな競技を作り，それが入口となって，パラリンピック全体に対する関心を広げていくというやり方が1つあると思います。

　もう1つは，企業の方で相当関心を持っておられる方がいます。障害者雇用の問題やスポンサーとしての問題などで，何もスポーツを競技として考える人だけを対象として考えなくても，1つのイベントとして，いろいろな角度から見ることができる。パラリンピック

というものは，必ずしも競技スポーツの大会という意味だけではなく，いろいろな意味がある。細かく，パラリンピックを見る様々な角度というものをうまく提示していくことも，1つあり得ると思うのです。

　さらに，やはり学校教育のあり方ですね。現場の先生方も大変なのです。非常に苦労しておられる。時間もない。お金もない。だから，やはり校長や教頭，PTAの会長さんとか，そういう学校教育に関わる管理職的な方に，障害者教育やパラリンピック教育の重要性を認識していただく努力をもっとしなくてはいけないと思います。私が非常に心配しているのは，今，学校教育の場では，パラリンピックについての教育がオリンピック教育のなかに入ってしまっていることです。必ずしも全部入っているわけではないのですが，かなりの部分が入っています。はたしてそれがいいことかどうか。オリンピック教育とパラリンピック教育は別ではないかという点も考えていかなければいけないと思います。

　今申し上げたいろいろなことを考えた上でやっていくことにより，パラリンピックに対する関心を高めていく。もちろん非常に単純な言い方をすれば，大日方さんのようなスター選手が出てくれば，みんな関心を持つでしょう。テレビ的にいえば，そういうやり方もありますが，社会全体から見ると，私が申し上げたような点を考えながらやっていく必要があるのではないかと思います。

　藤田　まず今回の調査結果を見ますと，「パラリンピックを少し見た」という人まで入れると38.4%なのです。東京都の調査だと「パラリンピックを見た人」は44.5%という結果が出ています。東京都がリオ大会の時に行った調査では11.0%ですから，関心を持っている人はぐんと増えていると思います。私も同様の調査をしていますが，私の場合は，とにかくネットでも新聞でもなんでもいいから

「パラリンピックを何かで見たことがある人」と聞いたのですが，その場合だと69%の人が見ています。今回の調査の「まったく見なかった人」を除いた数値と大体同じような数値になっています。したがって，数字をどう解釈するかというのは難しいところがあると思います。特に今回の「関心がある人」の線をどこで引くかはなかなか難しいところがあるかと思います。

　今回の調査結果に則ってお話しさせていただくと，「たくさん見た」，「かなり見た」という人は12.8%だったと思うのですが，この12.8%の人が「関心がある」と定義すると，大多数の人が関心が低いという解釈になるかと思います。その理由として私が考えることはいくつかあるのですが，1つは，陸上にしても，水泳にしても，バスケットボールにしても，バレーボールにしても，教育のなかで，学校のなかで皆さん，やったことがあるのですよね。こんなスポーツだなということで関心がそれこそあるだろうし，どのぐらい難しいのだろう，どのぐらいすごいことをやっているのだという想像ができると思うのですが，パラリンピック競技の車いすバスケットボールであるとか，テニスやボッチャにしてもそうですし，いろいろな競技というのは，そんなに皆さん，特に年齢の高い方はやったことがないと思います。その経験の違いということが関心が向いてこない理由の1つかなと思っています。

　もう1つは，そもそも障害のある人に対する関心がこれまでそれほどなかったということがあるのではないか。小倉さんが先ほどおっしゃったように，障害に関する教育を受けた人の数が非常に少ない。今回の調査結果では「受けたことがない」人が71%。その意味では，社会が障害のある人をきちんとこれまで見てこなかったという経緯が影響しているのかなと思います。「障害者差別解消法」が制定されたのが2013年，施行が2016年です。それ以前から「障害者

基本法」はありますが，この法律は障害のある人のための法律なのです。私たち健常者が障害のある人を差別してはいけないとか，合理的配慮をしなければいけないという意識が出てきたのが2013年の「障害者差別解消法」ですから，そこからまだ年数が経っていません。そう考えるとやはり，障害や障害者は別の世界のことで，あまり関心がないということが現在もあるのではないかと思います。

　もう1つは，コロナ禍の影響もあったのではないかと思います。新型コロナウイルスの感染拡大でオリパラを中止したほうがいいという意見が開催前のいろいろな調査で6割ぐらいあったこともありますので，そういったところの影響もあるのかなと思います。いずれにしても，障害のある人たちと触れ合う機会とか，パラスポーツを体験する機会が少なかったといったところが要因として考えられるのではないかと思います。

　その一方で，逆に小中学生というのは，今回オリパラ教育でいろいろな経験をしている人が多いはずです。ですから，今回の調査結果も年代別に見ていただくと，もしかすると10代はだいぶ高いのかもしれないかなと思います。いずれにしても，こういうオリパラ教育は，今の子たちにやっておしまいではなく，教育のなかで継続していかないと，パラスポーツや障害のある人に対して関心を持ってもらうことがなかなかできないし，レガシーとしても残らないと思います。とにかく継続していくことが重要かなと思います。

　倉田　そうすると，自分事として捉えきれていないみたいなところは，要するに各競技の普及の度合いからきていますかね。たとえば，水泳とか野球は小さいころからみんなやっているから，あまり普及活動をしなくても広がっている。一方で，マイナー競技だと，普及活動をしていかないと強化にもつながっていかない。それが同じようにパラスポーツもあるのかなと思ったのですが，その辺はい

かがですか。

藤田 パラスポーツの普及というよりも，障害のある人たちに対して，どうやって普及させていくかということを考えなくてはいけないと思います。関心というレベルで見た時には，これまでの話で触れられた普及のことと同じようなことが起こっているといえるかと思います。

大日方 既にお二方が指摘されているところの「見た」とか「たくさん見た」人というところをどう捉えるかが，私自身の肌感覚とはちょっと違うかなと率直に思いました。テレビやインターネットで観戦するという「観戦」というものの定義が，人によってかなり差があるのではないかなと思っています。

実はパラリンピック北京大会から先々週帰ってきたところなのですが，パラリンピックが日本でどのように報道されているのかは北京ではなかなか感じることができない。先日，友人と話をしたら「私はほとんど見なかった」と言われたのですが，「見なかった」と言うわりには，内容についてすごく詳しいのです。「アルペンスキーの村岡選手，すごくたくさんメダルを取ったよね」などと言っていて，見ていないはずなのに，すごく話題が盛り上がったのは何を指すのか。おそらくテレビ観戦はしなかった，競技の中継を見ることはなかったが，ニュース等ですごく詳しくは知っているということでしょう。私は「その人は関心を持たれた」と捉えたので，ここを「関心層」だと考えると少しその辺は精査してみる必要もあるのかなと思いました。

私自身は，東京大会の関心層が10%というところも1つ指標になるだろうとは思います。小倉さんが先ほどご指摘されたように，パラリンピックへの関心の見方というのは，その競技だけではなく，多様な見方や関心というものがあり，オリンピックも同様だと思うの

ですね。私は，スポーツとして競技を観戦してもらうことも，もちろん関心を持って行ってもらっていることだと思いますし，「この選手かっこいいね」とか「この選手のこういうところがいいと思う」とか「この発言に注目」といったことも含めた，多様な見方というものでパラリンピックを見てもらえるといいなと思っている1人です。オリンピックとパラリンピックへの関心にどれぐらい差があるかなという点で，「ああ，なるほど」と思ったのは，先ほどちょっと倉田さんからお話があった開会式も，パラリンピックが23%ぐらいで，オリンピックは大体その2倍ぐらいあったというところで，「このぐらいの感覚なのかな」というところが私のなかでは「腑に落ちる」ところでありました。

　一方で，自分自身25年前の長野パラリンピックの時のことを振り返ると，あの時の開会式に対する注目というのは，当然そこまでなかったと思います。中継もされたと思いますが，そのころから比べると関心はすごく高まっている。長野パラリンピックの時の私の金メダルは，「冬の選手として日本人初めて」ということで，たくさん報道していただき，新聞のスポーツ紙の一面にドーンと載ったのです。そこは皆さんにとっては多分すごくインパクトがあって，その時の関心の向け方というところは，一時的にはすごく高かったのではないだろうかと推察されます。

　問題は，そのあとにどういう関心の継続があったのかとか，それによって何が変わったのかというところです。それはまさに今回，調査のテーマとされているところで，やはり長く見ていかないとなかなかわかりにくい部分でもありますが，おそらく関心を持ってくださっているのは10%よりは多いのではないか。これはアスリートとして，あるいは関わっている者のポジティブ過ぎる見方かもしれませんが，そんなふうに感じました。

倉田　ありがとうございました。小倉さんからは，具体的なアプローチのところのお話もいただきましたし，藤田さんからは，その要因についてお話をいただきました。どこで「見た」とか「見ない」とかの線を引くかという藤田さんのご指摘もありました。それに加えて，大日方さんもお話をされていましたが，「テレビを見ていないが，ニュースで知っている」といったところも関心の領域なのかと考えれば，線の引き具合でかなり数値が変わってくるのだろうと思います。大枠で線を引いて，そのままずっと継続してリサーチできれば一番いいと思いますが，対象が変わったり，あるいは手法が変わったりするとすべてが変わってくるところもありますので，難しいかもしれません。

第3節　障害者教育とパラスポーツ教育

　倉田　次に2つ目のテーマになります。先ほど学校教育のお話がありましたが，パラスポーツ教育について，今回の調査では90%以上の方が「パラスポーツに関する教育を受けたことがなかった」という結果でした。また，「障害者教育を受けたことがない」も70%ほどの数値だったと思います。特にこの障害者教育に関しては，現在では，企業や団体，大学などにおけるダイバーシティ教育やSDGs教育の一環として，障害者に関する研修とか教育がおそらくマスト要件になっているのではないかと思うのです。それにもかかわらず，この数値はいかがなものかと感じた次第です。まずはそこを指摘しておきたいと思います。

　一方で，パラスポーツについては，多くの自治体，企業，大学などが主体となって，地域ごとにパラアスリートの講演会，体験会，

小学校の出前授業のようなものを開催しているという実態もございます。こういったなかで，とりわけ自治体ではオリパラ教育として，パラスポーツに関する授業が都道府県レベルで行われております。この取り組みは地域でレガシーにつながるのではと，おそらくみんなが思ってやっているし，趣旨もそういう趣旨だろうと思います。

　しかしながら，別の角度で見ると異なる見え方があるのだということも事実かもしれません。東京都には公立小学校が400校以上あります。オリパラ教育に対する教員間の知見とか知識に差があって，教員の立場から見た時に「また負担が増えた」というような声も上がっているようでございます。つまり，もしこんな声が多ければ，地域での活動や小学校での授業というのは，本来目指すべき共生社会の実現とか，レガシーの創造にストレートにはつながりにくいのではないか。

　そのようなことを踏まえ，パラスポーツを通じた一般市民への教育，子どもたちへの教育，啓発活動，この辺の裾野の広がりについて，皆さんはどのようにお考えなのでしょうか。小倉さんの日本財団パラサポセンターでは「あすチャレ」など，パラスポーツ教育に関わる取り組みもされていますが，この辺も踏まえてのご見解をもう一度いただけたらと思います。

　小倉　今の倉田さんのご質問と若干ずれる回答になるのですが，そもそもパラリンピックのみならず，パラスポーツ全体の普及・振興の際に，エリートスポーツ選手やパラリンピックに出るような方々をなるべくたくさん輩出し，りっぱな成績を残すという「山を高くする」ことを目指すのか，それとも「裾野を広げる」のか。多くの障害者の方がスポーツを楽しめるような環境を整える，あるいは多くの人が一緒にやるようにする，そういう裾野を広げる話とエ

リート選手を育成するという「山を高くする」話が混在し，日本においては若干混乱が起こっているというのが私の認識です。大日方さんはご自身がまさにトップを極めた方ですから，ぜひ話をお伺いしたいわけですが，いろいろな研究者がやっていることを国際的に比較してみて，「裾野を広くすれば，山は高くなる」というのは間違いだといえると私は思っています。これは，藤田先生のようなお立場の方々と議論していかないといけないことですが，私がいろいろな論文を見た限りでは「裾野を広くすれば，山は高くなる」という考え方でパラスポーツを考えるのは間違いで，裾野を広げる話と山を高くする話とは連結はしているが，裾野をどんどん広げていく山型方式ではなく，一部のエリートを育てていくＬ字型方式が良いというのが私の考えです。その辺の考え方をきちっとしておかないと，パラリンピック教育とか，障害者教育とかに根本的に間違いが起こると思うのです。

　もう1つは，やはり特別支援学校です。特別支援学校の方々に，パラリンピックなり，障害者スポーツの魅力をどうやってお伝えするか。どんな教材を開発するのか。あるいは，そこの先生方が本当にパラスポーツのことについて熟知しておられるのかという問題もあるわけです。ですから，私は特別支援学校の役割も大事だと思います。

　それから，先ほどもちょっと申し上げたのですが，オリンピック教育のなかでパラリンピックの話も出ていることが非常に多いのです。東京2020大会の時は若干そういうことがあってもしょうがないと思いますが，本来であれば，人権問題とか，障害というものの理解とか，コミュニケーションの問題とか，いろいろな角度からパラリンピックやパラスポーツは議論できるわけなので，どういう場でどういう角度から取り上げることができるかをもう少しフレキシブ

ルに考えておかなければいけないと思います。今のように，文科省が「オリンピック・パラリンピック教育をしなさい」ということで強化プログラムを作り，きちっとした枠内でやりましょうということだけではうまくいかない。やはり地域を含めてもう少し幅広い観点からのアプローチが必要ではないかと思っています。

　倉田　続きまして藤田さん。日本福祉大学では学生教育の一環として，ふくしスポーツというユニークな名称で授業とか交流とかが実施されていると伺っていますが，この取り組みやパラスポーツ教育のご経験を踏まえて，お話しいただけるとありがたいと思います。

　藤田　ふくしスポーツというのは，障害者だけではなく，子どもや高齢者も含めて，そういった人たちにどうスポーツを楽しんでもらうようにしていくかということから「**ふ**つうの**く**らしの**し**あわせ」という意味にしたのです。そういったことをやっているのですが，大事なのは価値が1つではないということを教えることです。オリンピックであれば「より速く，より高く，より強く」だけを極めていけばいいのですが，パラリンピックの場合は，そこも極めていくのだが，併せてそうではない価値を見出し，そこを求めていかないとパラリンピックをやる意味がない。障害のある人とない人を比べてみれば，当然ですが，障害のない人のほうが速かったり，いいパフォーマンスをしたりするわけです。ですから，価値が1つで，障害のある人たちが障害のない人たちと同じ価値観でやっていくと，障害のある人はやはり障害のない人よりも劣るとか，レベルが低いということでおしまいになってしまいます。パラリンピックというのは人々をインスパイアして，「こんなにすごい」ということを伝えるインスピレーションという価値があるといわれています。でも，それだけではだめで，どうやって平等なところで一緒に並んでいくかを考えなくてはいけない。一緒に並ぶといっても，同じようにや

るのではなく，一人ひとり違うやり方でやっていく。まさに多様なやり方ということだと思うのですが，価値の多様化と同じ意味だと思います。

　東京パラリンピックで，水泳の山田美幸選手という新潟の中学生が日本初の銀メダルを取りました。彼女は両方の腕が欠損していて，足も左右の長さが違っています。そんななかでどうやって泳いでいるかというと，肩を回しながら頭で舵を取り，左右の足の動かし方も違う。長いほうの足でバタ足をして，短いほうの足は左右に動かして進んでいくのです。それはものすごく価値があることです。彼女とオリンピックの選手を比べたらオリンピックの選手のほうが断然速いわけで，1つの価値観でいくと彼女のやっているすばらしさというのは消えてしまいますが，一人ひとりの存在であるとか，人間の多様性を認めて，新しい技術でチャレンジしていく姿を私たちは見て，そこに価値を見出していく必要があるのではないか。ふくしスポーツとはまさにそういうことで，障害者だけではなく，いろいろな人，多様な人たちがいる。その人たちにスポーツをどう普及していくかというところでやっています。

　倉田　続きまして大日方さん。今お二方からお話がありましたが，私自身は，地域とか大学が重要な場所になり，パラスポーツの価値がそこから発信され日本に広がっていく。こんなことが望ましいのだろうと思っています。さらに企業とも連携し，共生社会の創生というビジョンにつなげていく。この辺りを大日方さんはどのようにお考えなのか伺っていいですか。

　大日方　この調査結果を見て，「障害についての教育を受けたことがある・ない」のところで「ない」といった方が4分の3を占めたというところと，その一方で企業の方は「教育を受けているはずだよね」というところで，その乖離にすごく注目しました。この「受け

たことがあるか・ないか」となると，多分当事者として感じること
ができたのか，自分事として感じることができたかどうかというと
ころがポイントなのではないかと思っています。

　一企業で働いている者として，私も当然そういう教育を受ける機
会はあったはず，あるはずなのですが，「障害についての教育を受
けたことがあるか」という問いが来た時に，どう答えるかなと思っ
ています。つまり，たくさんの研修プログラムが用意されたとして
も，やはり自分の問題として置き換えてちゃんと考えることができ
ないと，ただ数をこなしているだけでそこには限界があるというこ
とです。自分の問題として考えられないと「受けたことがない」と
いう回答にもつながるのではないかと思います。これは大いに反省
すべき重要な点ではないかと思いました。

　パラスポーツや障害についての教育というとすごく幅広い内容
になると思うのですが，パラリンピックというものを活用したもの
が学校教育や社会教育にあったとして，たとえばパラリンピックの
選手の話を「聞いて終わり」だと多分それでは何も残らないだろう
し，「見て終わり」でも何も残らない。あるいはちょっと体験したぐ
らいだと，多分「受けた」という気にはならないのだろう。より深
く，本質に迫っていくところの問いというのは，たとえば私自身が
パラリンピックのアスリートとしてお話をしていく時に，どれだけ
深いお話をできるのか，あるいは根本的な問いに答えていけるのか
というところで，やはりアスリート自ら研鑽を積んでいく必要があ
るのだろうと感じました。今回の研究結果というのは非常に重要な
ものだと思っていますし，私たち，パラリンピックあるいはパラス
ポーツの価値を信じる者であれば，そのことをよりわかりやすく，
そしてどこをどう思っているからこうなのだというところについ
て，伝わりやすい工夫や伝えていく努力がすごく必要なのではない

か。これはパラリンピックのすばらしい選手たちも，「メダルを取っ
たから，すごいのではないのだよ」ということについての発信とい
うのは，取った人が取った人の責任で，逆に行っていくことが，自
分自身も含めてより深い理解につながるのではないかと感じていま
す。

　倉田　「パラリンピックの選手の話を聞いて，それで終わり」と
か，「体験会をちょっとやっただけ」だと一瞬の出来事で，印象に残
らない。本来はやはりお子さんたちがしっかり自分事として「体験
したよ」というのを感じてくれて，家に帰り，お父さんやお母さん
に「きょう，ぼくはこうこうこうだった」というのを滔々と伝えて
いくことが必要になってくると思います。その意味では，体験会や
講演会がその学校でしっかりフォローされることも必要かもしれな
いし，講義する側の選手とか，前に出ていく人たちがいろいろと工
夫していくことがこれからの課題になってくるかもしれませんね。

第4節　障害者のイメージ

　倉田　さて，3つ目のテーマです。障害者に対するイメージの調査
報告がございました。パラリンピック選手に対する見方についても
関係してくると思います。

　調査報告のなかで気になる指摘がありました。「パラリンピアンの
イメージが障害者全体のイメージとなっているのではないか。これ
はちょっと問題かもしれない」という示唆です。障害のある方々は
世界の人口の15%という数値があります。先日，ある新聞に「15%
の方々に対してどう共生の関心を」というコラムの記載がありまし
た。パラリンピックとか，パラリンピアンを通じて，その他の多く

の障害者に本当にコミットできているのか。このことが1つのポイントになるのではないかと思っています。言い換えれば，調査報告の先ほどの資料にもありましたが，「パラリンピアンを『感動を与えてくれる存在』とみなすことは共生社会の実現につながるのですか?」という問いかけです。シンプルですが，もしかしたら本質的な投げかけかもしれないなと思います。だからこそ，難しいなという気もいたします。世界の15%にどのようにコミットするのか。そのためにどうしたらいいのか。こんなことがそこからは求められてくるのだろうと思うわけでございます。

大日方　まず15%というのは固定化されるのではないということをしっかり踏まえておく必要があると思います。だれもが複数のアイデンティティを持っているわけで，マイノリティになる瞬間もあればマジョリティになる瞬間もある，非常に変動しうるものであること。つまり，15%の人が固定化して，常に障害者というわけでは必ずしもない。社会的な障壁という意味においてはおそらくそうだと思いますが，いわゆる身体的な意味では必ずしもそうではないものを含んだ15%と考えることに大きな示唆があるのではないかと思います。

　皆さんがその15%側に回った瞬間とは何なのかと考えると，たとえば，今日ここにいる多くの方が私も含めて眼鏡をかけている。「かけていない人とかけている人，どちらが多いでしょう」という時に，眼鏡をかけていない人のほうが少なそうに見えるのですが…。多分眼鏡をかけている前提での生活というところが，もしかしたらマジョリティかもしれない。「車いすの方の不便さがわかりました」と話されるケースの多くが，子どもを育てていてベビーカーで街を歩いてみたら「こんなに大変だったのだ」と初めて感じましたという人だった。つまり，自分事として考え，感じることができたら，

感動を与えてくれる存在とみなすことにもつながると思うのです。自分にとってすごく近い存在で、「感動した」と思い、そこに対する共感や寄り添いというのもあると思います。

　一方で、「パラリンピアンだから、感動を与えてくれる」のではなく、パラリンピアンの○○の部分に感動したという、その○○が重要なのだろうなと思っています。スポーツをする人がすごいという場合、必ず間に何かが入ります。スポーツをする人の○○がすごいとか。この○○のところをどう感じるかというところがパラリンピックにおいても重要であって、たとえばエリートアスリートがすごいと感動してくれる人がいる。これはこれで「あり」だと思いますし、身近にいる人たちがやっていないことをやったことに対して「これ、すごいね」と言ってくれる。それもまた、感動を与える。「与える」というのはすごく変な言い方だと思いますが、感動を分かち合える、あるいは共感するということなのではないかと思っているので、この感動を与えてくれる存在になってもいいというようにも思いますし、「みんながみんなパラリンピアンだからすごいわけでは決してない」というところはしっかりおさえておきたいとも思います。

　倉田　パラリンピアンだからすごいわけではない。15％の人々というのは常にそこで固定化されているわけでもない。だから、感動を与えてくれる存在とみなすことは、共生社会の実現につながるかどうかという問題提起も、そこで固定しなくてもいいのかもしれません。藤田さん、いかがでしょうか。

　藤田　問いとしては、パラリンピアンを「感動を与えてくれる存在」とみなすことは、はたして共生社会の実現にとっていいことかということですね。結論からいうと、私は、それはそれでいいことだと思っています。私は以前からパラリンピックの報道、特に新聞

報道のあり方を研究しております。昨年は，パラスポーツサポート
センターの方と共同で論文を執筆させていただきました。

　これまでの調査では，パラリンピック長野大会以前までは大会
期間中の報道は非常に少なく，1998年の長野大会でぐんと報道量
が伸びます。その前，1996年のアトランタのパラリンピックの時に
ちょっと増えて，長野でボンと増えたという経緯があります。その
長野大会が終わって2年後のシドニー大会から，社会面とスポーツ
面の比率が変わってきます。それまでは，ほぼ社会面にしか記事
が載っていなかったのですが，長野を経て，2000年にはスポーツ欄
の記事の比率が高くなってきています。その後，2013年にパラリン
ピックの東京大会が決まるわけですが，それまでは，障害者スポー
ツ関連の記事の量は年間500前後だったのが，2013年が2,024本。こ
れは朝日・毎日・読売でワードをいくつか検索して出てきた記事
の合計なのですが，2015年は4,702本，2019年が8,398本，2020年は
ちょっと減って7,646本なのですが，昨年（2021年），大会が開催され
た年は13,767本とかなり増えています。

　その記事の内容を見てみると，以前は社会面だけで，感動ポルノ
的な記事が多かったのですが，特に今回の北京もそうですし，東京
もそうですが，それに加えてスポーツ面でしっかりと技術面である
とか，今回の北京だと雪質が変わってワックスがちゃんと対応でき
たとかといったスポーツとしての報道がスポーツ面で普通に報道さ
れるようになってきているということです。以前は社会面だけで，
そこで語られることというのは「この選手は，こんなに障害を負っ
て，そこから頑張ってここまでやってきました」ということだった
のです。それだけだったので，選手も「スポーツとして報道してほ
しい」という希望が非常に強かったと思うのです。今はだいぶ事情
が変わってきているのではないかと思います。

社会面で書かれている書き方というのは，実は障害を核にしているかどうかであって，パラスポーツの選手か，オリンピックの選手かで変わらないと思います。オリンピックの選手の記事も，結構やはり同じように感動ポルノ的なところが社会面の記事にはあって，「怪我があって，こんなに大変だったのに，そこから復活してきた」というのが社会面には載るわけです。あるいは「勤めていた会社が倒産して，そこからまたスポンサーを探して，こう這い上がってきた」というような，ストーリーの構造としてはまったく同じなのです。なので，そういうところで関心を持ってくれる人が増えるわけです。そこでさらにスポーツ面で書いてあるようなことにも関心を持ってくれるようになればいいだけの話で，どこから障害のある人やパラスポーツに関心を持って入ってきてもらうか。自分のスポーツ経験からかもしれないし，そういった報道からかもしれない。それはそれで私はいいのかなと思っています。ですから，感動ポルノ的な記事があってもいいし，スポーツ報道もあっていいと思っています。

　それから先ほどの報告（第7章）のなかで，私の調査にも触れていただいたのですが，やはりただパラの選手を見るだけだと「あっ，すごいな。すごい選手だな」ということで終わってしまうところがあります。他の調査などでも，「パラの選手は特殊な能力を持っている」と答える人が「見ただけ」とか「初めて見た」という人の場合は多いのですね。ただ，その割合が「実際のスタジアムで見る」，それから「実際に自分で体験してみる」，さらに「障害のある人と一緒にやってみる」となると，だんだん比率が下がってくるのです。ということは，ただ「見る」だけではなく，「実際に見に行く」，それで「実際に自分も体験してみる」，そして「一緒にやってみる」という経験があると，本当に同じ目線で「ああ，この人たちはこんなに

苦労して，こんなトレーニングをしてここまできているのだな」，
「特殊能力でもなんでもなく，努力した人たちなのだ」という見方を
してもらえるようになる。なので，見るだけではなく，いろいろな
経験をしていくなかで，それは多分時間がすごく長くかかると思う
のですが，そういうなかで共生社会も実現されていくのかなと思い
ます。

　倉田　小倉さん，パラリンピックのパラドックス的なお話のよう
にも思うのですが，この辺はいかがでしょうか。

　小倉　パラリンピックはパラドックスだというのは非常にいい
表現だと思います。久田先生方が行った調査結果で私が非常におも
しろいと思いましたのは，障害者のイメージということを非常に重
視しておられるところです。障害者のイメージにいい影響を及ぼす
と思った人が74.5％もいたと結論づけておられる。これは非常に貴
重な調査結果だと思います。なぜかというと，私どもは「パラリン
ピックは障害者理解や共生社会というものの理解に役立っています
か」という，どちらかというと知識的な理解の方に重点を置いて調
査しているものですから，それといろいろ比較して，非常におもし
ろく拝見しました。なぜ私がその問題を提起させていただくかとい
うと，感動を与えてくれる人物像というのは，発信者，すなわちメ
ディアがパラリンピックを報道する時には，読者を惹きつけるため
に感動を与えるという側面を重視せざるを得ないため，発信される
のです。だから，それは発信者からみたら仕方がないことだと思い
ます。問題は受信者です。パラリンピアンが感動を与えてくれる存
在として発信された報道，あるいはイメージを，受け取る側はどう
受け取るべきなのか。感動したというのなら，その感動とは何なの
かということなのです。そこをよく考えないといけないと思います。

　障害というのは努力して必死にやれば克服できるのだとよくいわ

れますが，これはいわゆる個人モデルの発想です。それとは対照的
に，障害というのは，政策がきちっとあれば環境が整ってくる，あ
るいはいろいろな器具や技術が発達するとか，そのように社会が変
われば障害は障害ではなくなるという社会モデルの発想もあるわけ
です。ですから，先ほど大日方さんが言われたように，環境が変わ
れば障害の意味も変わるので，感動した結果どういう考えを持つか
ということが大事なのです。ところが，なかなかそこが難しくて，
感動した結果，個人が努力すればいいのだという話になりがちで
す。そこに1つ問題があるのです。障害や障害者スポーツをどうやっ
て社会的な問題に還元していくかが非常に大事だと思います。

　なぜそういうことを申し上げるかというと，国際的な調査で「パ
ラスポーツ，あるいはパラリンピックによって，障害のある人に対
する人々の理解が深まったか」という質問をすると，「深まった」と
いう率が日本は他の国と比べて非常に低いのです。もう1つは，「パ
ラスポーツを体験することによって，障害のある人に対する理解が
深まりましたか」とか「パラスポーツの普及によって，社会的課題
の解決につながりますか」という質問をして，「そう思う」，「どちら
かと言えば，そう思う」，「そう思わない」という選択肢を呈示して
統計を取ってみますと，驚くべきことに，2019年と比べて2022年の
ほうがパラリンピック，あるいはパラスポーツの普及なり体験とい
うものが，障害のある方に対して理解を深めるとか，共生社会の実
現につながると思う人のパーセンテージが下がっているのです。2,
3年間のうちに肯定的な答えが，若干ですが減っているのです。これ
はなぜか。1つの仮説は，パラリンピックあるいはパラスポーツとい
うものをスポーツとして見ている。それは「障害者の方がやってい
る何か大変なことで，それを克服した。それは感動だ」ではなく，
「スポーツ，ああ，すばらしい」ということ。「あのスポーツは楽し

い。すばらしい」と。要するにパラスポーツを，パラではなく，スポーツとして見ている。障害者の行動として見ないで，スポーツ選手の行動として見ている。スポーツとして見れば，共生社会の実現のために肯定的か否定的かはそれほど重要なことではない。スポーツとして楽しければいいではないか。こういう方向に世の中が流れていくとすれば，ある意味では1つのいい傾向だと思います。「ある意味では」ですね。

　要するに「感動ポルノ」とかと言う人がいますが，もちろんそれは両面があって，いい面もあれば，あまりよくない面もある。ただ，せっかくスポーツをやっているのなら，そのスポーツを楽しめばいいではないか。やること，見ることを楽しめばいいではないか。そうすれば，別に共生社会が実現するかしないか，そういうこととは関係ないという人が，かすかではあるが，実は増えているのではないか。先ほど大日方さんは「アイデンティティ」という言葉を使われましたが，これはパラリンピックというものの非常に大きな問題であって，1人の選手というのは，水泳の選手かもしれないし，障害者かもしれないし，女性かもしれない。

　今，ウクライナのことが大問題になっていますが，ウクライナは過去3回か4回のパラリンピックで，常に金メダルの獲得数で6位以内に入っているのです。なぜ，ウクライナがそうなっているのか。ウクライナには非常にすばらしいパラスポーツの施設があるので，それもあります。しかし，実はいろいろ国際的な情勢を見ますと，パラリンピックでメダルを取った人がたくさんいることによって，国民が自分の国に誇りを持った。多くの国ではそのことが言えるのです。国際的な統計を取りますと，「パラリンピックで自分の国に誇りを持った」という人のパーセンテージはものすごく高いのです。イギリス，ブラジル，韓国でもそうですが，日本はものすごく低い。

つまり，日本には，この点ではナショナリズムがあまりないのです。なぜかというと，1つは戦争との関連です。多くの国で，大体平均してパラリンピアンの10％前後は戦争で負傷した人なのです。国家を背負って戦った人ですから，それが金メダルを取れば国の誇りということになるわけです。もちろんそうでなくても，「金メダルを取った。あれは国の誇りだ」と人々が思うこともありますが…。

　今，ウクライナの紛争があるだけに，思い出さなければいけないことは，パラリンピックの原点は戦争にあったということなのです。これをどのように考えるか。今なお傷痍軍人がたくさん出ているわけです。諸外国では戦傷者への特別なプログラムが用意されています。日本だけは戦争をしないからそういうものはないのです。これをどのように考えるかということを無視しておいて，共生社会の実現といっても，私はちょっとそこに偽善的なものを感じるのです。ですから，もちろん戦争はないほうがいいのですが，現実にはパラリンピックとはそういうものから成り立っているというところを考えないといけないのです。感動といった場合，何に感動しているか。ロンドン大会の場合は，アフガニスタンの戦争で傷ついた人がメダルを取ったことで国民が感動した。つまり，感動したという意味が何なのかということをよく考えないといけないのではないかと思います。

　最後にちょっと過激な発言をしましたが，実はパラリンピックの原点は第二次世界大戦のノルマンディー作戦から出発したということなのですが，その原点を意外と皆さん，強調されないのです。しかし，やはり戦争と平和ということを考える時，特に今，ウクライナのこういう情勢を考える時に，やはりそこもパラリンピックの1つの面があるのだということ，そして日本が非常に例外的な国だということを頭においておく必要があるのではないかと思います。

倉田　かいつまんでポイントだけを申し上げますと，最後にお話しいただいた戦争と平和のお話ですね。パラリンピックの選手がメダルを獲得するとか，活躍したことによって多くの国民が自分の国に誇りを持てたということ。それから，感動を社会的な問題に還元していくという点もありました。感動とは何かというところから，個人が変わると社会が変わるのだということ。社会を変えていくと障害が変わるのだろうというお話もございました。そもそもパラスポーツとオリンピックスポーツを別に分ける必要もないし，障害がどうこうではなく，とにかくスポーツを楽しむことが原点ではないのか。そこから感動とは何かをもう一度考えたほうがいいのではないかというお話もいただきました。皆さん，内容の濃いお話をありがとうございました。（終）

終章

残された課題

久田満

第1節　障害者との共生

　共生社会とは何か，またその実現のためには誰が何をすべきかを考えて欲しい。それが本書を通して読者に伝えたかったことである。パラリンピックを取り上げたのは，障害者との共生を考える際に大きなヒントを与えてくれる世界的規模のイベントだからである。

　共生社会とは何かについては，第1章において社会福祉学を中心とした議論が展開されている。一読すれば，その意味するところは必ずしも統一されてはおらず，誰と誰との「共生」なのかによっても異なってくることがわかる。本書では，パラリンピックの開催理念（第4章参照）がそうであるように，障害者とそうでない人（健常者と呼ばれることもある）との「共生」に焦点を当てているが，それでも各自がおかれた立場（障害者か健常者か，障害者の家族か等）で「共生」の意味が異なってくることを理解しておかなければならない。

　とはいえ，この終章では障害者基本法（2011年改正・成立）ならびに障害を理由とする差別の解消の推進に関する法律（障害者差別解消法）（2021年改正・成立）に明記された条文の内容から，ごくシンプルに「共生社会とは，誰もが差別されることなく幸せに生きていける

社会」と定義しておく。この内容は最近のものではなく、「障害」という文言こそ出てはこないが、1947年に制定された日本国憲法第14条「すべて国民は、法の下に平等であって、人種、信条、性別、社会的身分又は門地により、政治的、経済的又は社会的関係において、差別されない」で謳われているものと合致する。

　第2章では、「障害とは何か」という問いに対する答えを障害学という日本では比較的新しい学問領域の立場から論じている。そこでは「障害」に対する2つの視点（モデル）が紹介されているが、障害は障害者の属性であるという「個人（医療）モデル」に立つと、障害者とそうではない人々との共生社会の実現は医療の発展を待たなければならない。機能が損傷した心や身体を修理し元に戻す高度な技術が必要だからである。眼科学が急速に発展すれば視覚障害者が激減するだろう。このことは多くの障害者やその家族が望むことでもあるが、同時に、健常者と呼ばれるマジョリティに障害者というマイノリティを「同化」させることでもある。かつて日本は、ろう児（聴覚障害児）の教育において口話法（話し手の口の動きや表情を読み取る読話や正しく発語させる訓練など）を導入し、手話およびそれに類する行為を禁止した。手話のような身振りが教師に目撃されると児童は厳しく叱られたという。

　一方、障害は社会のなかにあるという「社会モデル」では、変える（治す）べきは人ではなく、社会であると考える。上記「障害者差別解消法」の第二条によれば、「障害がある者にとって日常生活又は社会生活を営む上で障壁となるような社会における事物、制度、慣行、観念その他一切のもの」を障壁（バリア）とし、学校や企業、あるいは地域社会においてそれを除去すること（合理的配慮という）が義務となっている。障壁の例としては、段差のある歩道、車いすでは乗れないバスや電車、盲導犬を連れた人が利用できないレストラ

ン，1948年から1996年まで施行された優生保護法による障害者に対する不妊手術（約2万5,000人が対象となった），健常者による意識的あるいは無意識の差別的言動など，枚挙にいとまがない。しかし，これらの障壁は医師のような専門家でなくても努力とアイディア次第で取り除くことができるのである。

　全国の電車や地下鉄の駅ではエレベーターや多目的トイレの設置が急速に進んでいる。視覚障害者のための点字ブロック（正式名称は視覚障害者誘導ブロック）もあちこちで見かけるようになった。テレビを観ると発言の内容が文字として理解できるようになった。障害者を生きづらくするような制度も徐々に撤廃または改正されている。しかし，障害者に対する意識はどうなのであろうか。いわゆる「心のバリア」は除去されつつあるのだろうか。長年にわたり，障害者への差別の問題に取り組んできた栗田（2015）は，障害者差別は未だに存在していると断言する（p.6）。しかも，その差別は見えにくくなっているという。

第2節　障害者に対する偏見と差別がもたらす影響

　障害者に対する偏見や差別の実態，あるいはそれらの解消法に関する研究は数多く存在する。そのことは，障害者に対する偏見や差別は古くて新しい問題であることを意味する。「解消された」というまでには長い道のりが必要である。ここでは，偏見や差別がもたらす影響について概観する。

　まず第1に，差別されている障害者は，不安や緊張，孤独感，恐怖心，自尊感情の低下などにより，精神的健康が脅かされることが挙げられる（北村・唐沢，2018）。その結果，うつ病，アルコール依

存症，薬物依存症などに罹りやすくなる。身体障害者や知的障害者であっても精神障害者となる可能性があるということである。発病までいかなくても，差別されることによって精神的なダメージを受け，人間としての尊厳が傷つけられることは想像に難くないだろう。

　第2に，障害者，特に知的障害児者は肥満になりやすいことが1970年代より一貫して指摘され続けている（我妻・伊藤, 2002）。その結果として糖尿病や心臓病，脂質異常などの生活習慣病に罹患する確率が高くなり，死亡率も高くなる。知的障害児者に対する栄養や運動に関する健康教育の不備が原因の1つであろう。また，差別に伴う貧困（障害者は安定した仕事が見つかりにくい）から，ジャンクフードやアルコール類の摂取が多くなり，医療費が高いアメリカでは病院などの医療機関を利用しない傾向にあるからだと考えられる。

　さらに第3の理由として，障害者は，いじめや虐待の対象になる（最悪の場合は殺される）確率が高いことが挙げられる。2012年10月に施行された「障害者虐待防止法」では，虐待を受けたと思われる障害者を発見した者には速やかな通報が義務づけられているが，厚生労働省（2023）の調査によると，1）障害者を養護する人による虐待，2）障害者福祉施設従事者等による虐待，3）障害者を雇用する事業主や職場の上司による虐待のすべてにおいて，年々，相談・通報件数は増加し続けている。2016年7月の「相模原障害者施設殺傷事件」では，知的障害者施設の入居者19名が刺殺されたが，その後の神奈川県の調査では，この施設では長時間の身体拘束などの虐待が繰り返されていたという。

　近年，日本で初めての精神障害者の平均余命に関する研究結果が発表された（Kondo, S. et al., 2017）。それによると，重度精神障害者の平均余命は一般人口に比べて20年以上短いという。主な死因は，がん，心血管疾患，自殺であり，身体疾患によるものが全体の73.3%

を占めていた。この衝撃的な結果から、日本における精神障害者の健康格差が明らかとなった。日本では身体医療と精神医療が二分されていて、双方の連携が取れておらず、精神障害者に対する身体的ケアが不十分であることが主たる原因であるという。

第3節　偏見や差別はどのようにして生じるのか？

　次に、障害者に対する偏見や差別が起きるメカニズムについて、心理学の知見に基づいて解説する。まず以下の3つの用語から理解して欲しい。

(1) ステレオタイプ

　ある集団に属する人々対して、特定の性格や資質を「みんなが持っている」ように信じてしまう傾向。否定的なもの（○○国人はみな暴力的だ）も肯定的なもの（○○国人はみんな勤勉でまじめだ）もある。ただし、肯定的か否定的かは、そう思われた人によって異なる。

(2) 偏見

　ステレオタイプのなかで、恐怖、嫌悪、軽蔑などの否定的な感情を伴ったもの。「○○国人はみんな暴力的だ」は偏見。「○○国人はみんなまじめだ」も言われた側次第で偏見となり得る。

(3) 差別

　否定的なステレオタイプを根拠として、攻撃したり、回避したりする行動。明らかな暴力行動から小さな（無自覚の）軽蔑まで濃淡がある。時に、差別される人々を擁護するような逆の行動を示すこともある。

以上のように、「差別」といわれる行動は、まず「ステレオタイプ」から始まることを理解して欲しい。では、そのステレオタイプは、どのように形成されるのであろうか。

　人は、時間を節約し、容易に判断を下し、そして実際の行動に移すために「カテゴリー化」を行う。

　何時間も生活をともにして相手を理解しようとするよりも、「○○さんの血液型はＢ型だから、きっと△△だ」と判断した方がはるかに楽である（血液型と性格の間には何の関連性もないことは既に証明されている）。この傾向は乳幼児期から始まるといわれている。そして、この「カテゴリー化」による情報処理を繰り返した結果、様々な集団に対するステレオタイプが形成される。

　たとえば、ある集団に属する人々に関する情報に何度も接することで、その集団に対するステレオタイプが形成される。医療ドラマを何度も見ているうちに、医師は男性向きで、看護師は女性的な職業だと判断してしまうのがその例である。当然のことであるが、女性医師は近年増加しているし、男性の看護師も全国で活躍している。また、稀に起きる事柄にほぼ同時に遭遇すると、事実とは異なるステレオタイプが形成される。初めて会った青森県人と初めて会った岩手県人が2人とも○○だったら、「東北人は○○だ」と決めつけてしまうのである。

第4節　集団と集団の対立

　「人は1人では生きていけない」とよくいわれる。大多数の人は、複数の集団に属している。心理学では自分が属している集団を「内集団」といい、属していない集団を「外集団」と呼ぶ。人は集団に

属することで安心感を得ることができ，外集団から攻撃されても身を守ることができる。内集団の発展によって人は長期にわたって安定を享受し，子孫の生存や繁栄にもつながっていく。

　人は，慣れ親しんだ人々や自分と共通点のある人々に対して好感を持ちやすい。故郷が同じとか，同じアイドルを推しているというだけで互いに好感を持つ。逆に，外集団に対しては嫌悪感を持ちやすく，「内集団びいき」が起きる。内集団の連帯感や結束が強くなると，外集団に対する差別が生じやすくなる。あるプロ野球チームが好きになるほど，そのライバルチームが嫌いになることがその例である。この現象が拡大すると，紛争や戦争にまでいきついてしまう。

　では，なぜ外集団（よそ者）を嫌い，恐れるのだろうか？　一言でいえば，相手の心を推測するのが困難だからである（土屋，2019）。日常，人は，瞬時に他人の意図を読み取ったり，その人の考えていることを推測している。推測が正しければ，相手の行動が予測でき，対処法も簡単に思いつく。内集団のなかでは相手の行動の予測が比較的容易であるが，外集団，ましては初めて接する外集団に対しては予測不能であり，相手がどんな行動に出るか分からない。だから怖いと感じ，避けたり攻撃したりするのである。

　ステレオタイプからの差別も，外集団に対する攻撃も，つまりは「相手を知らないこと」から生じてしまうことがわかるだろう。

第5節　偏見や差別のない社会の実現に向けて

　現時点では，偏見を消し去ることができる即効性と持続性のある特効薬的方法は見つかっていない。しかし，世界中で様々な試みがなされていて，一定の効果が証明されている。大きく2つの方法に分

けて説明する。1つは「ステレオタイプが偏見や差別につながらない
ようにする方法」，もう1つは「偏見を是正するための接触仮説に基
づく方法」である。

　「ステレオタイプが偏見や差別につながらないようにする方法」で
は，教育・啓発活動が有効である。他者を属性（性別，人種，国籍，障
害の有無など）で判断してはいけないという平等主義的思考を持たせ
るようにする。そのためには，誰しも，何らかの偏見があるという
前提で，自分自身のステレオタイプや偏見を自覚させることが必要
である。発達段階に応じた適切な教育・啓発活動が望まれる。

　「偏見を是正するための接触仮説に基づく方法」とは，偏見は相手
への無知や誤解から生じるものであり，接触機会を増やして真の姿
を知れば，おのずと偏見はなくなるという仮説に基づいている。た
だし，以下の条件が伴っている必要がある。

　まず第1に，相手とは互いに対等な立場にいることである。役員集
団と課長集団とでは相互理解が進まない。健常な大学1年生と同じ
1年生の障害のある学生が一緒に合宿すると効果が大きい。第2に，
濃密な接触である。接触の頻度を増やし，期間を延し，内容を濃く
すると，互いの類似性の発見に伴う共感や好意が生じる機会が増え
る。そして，第3に，協働すること。すなわち，互いに協力しなけれ
ば達成できないような共通の目標を持つことである。ただし，目標
を達成できなかった場合は，偏見や差別が増幅されるリスクがある
ことも知っておくべきであろう。

第6節　東京2020パラリンピックのレガシーと今後の課題

　新型コロナウイルス感染症の影響で2021年に開催された東京2020

パラリンピックは，この章の冒頭で定義した共生社会，すなわち「誰もが差別されることなく幸せに生きていける社会」の実現に寄与したのであろうか。この問いに対して明確に答えることは容易ではないが，以下に筆者の見解を述べる。

　本書の第6章で紹介された事例は，1つの企業が地域社会と連携すれば「心のバリア」を取り除くことができるという可能性を示したもので，他社にも大いに参考になるであろう。しかし，研究者からは客観的なエビデンスが不足しているという指摘がなされるかもしれない。また，大企業だからできたのであって，わが社ではそこまでの余裕がないという中小企業の経営者からの嘆きも聞こえてきそうである。

　同じように，第7章で示した，データに基づくパラリンピック開催の影響およびそれに対する第8章での討論に関しても，サッカーやラグビーのワールドカップ，あるいはワールド・ベースボール・クラッシック（WBC）と比較すると視聴率が低く国民の関心が薄かったとか，元々パラスポーツに関心がある人が観戦し，その人達だけの障害者イメージが肯定的に変化したにすぎないというような批判もあるだろう。それらの批判は，そのまま今後の課題として明示しておきたい。

　しかしながら，極めて明確なのは，東京パラリンピック開催の4年前，すなわち2016年のリオデジャネイロ大会と比較して，パラスポーツに対する日本人の関心は格段に高まったことである。障害者に対するイメージも，現時点ではパラリンピアンと呼ばれるごく一部の障害者に対するイメージに留まっているだけかもしれない。しかし，障害者を身近な存在と意識する健常者は確実に増えたと思われる。また，パラリンピックの開催に向けて，数多くの小学校や中学校などで「オリパラ教育」と称される科目が導入されたことにも

注目したい。学校にはパラアスリートがゲストとして招かれること
が多かった。このような教育・啓発活動によって，まずは障害者の
人生や価値観などを知ってもらうことが重要である。同じパラアス
リートでも一人ひとり個性があるということが広く知られれば，差
別の解消，そして共生社会の実現に向けて大きな一歩を踏み出すこ
とになる。

　また，東京2020パラリンピックの開催に向けて，多くの法律や条
例が成立したことも忘れてはならない。障害者に関係する主な法律
を表終-1に示す。これらの法律はたびたび改正され，今後も改正さ
れることが確定したものもある。

表終-1　障害者関係の主な法律

施行年	条約・法律名（通称）
2003 年	身体障害者補助犬法
2006 年	建築物バリアフリー法
2005 年	発達障害者支援法
2006 年	バリアフリー新法
2011 年	改正障害者基本法
2012 年	障害者虐待防止法
2013 年	障害者総合支援法
2014 年	国連障害者権利条約批准
2016 年	障害者差別解消法
2023 年	改正障害者雇用促進法

　これらの法律は東京2020パラリンピックの開催とは直接関係はし
ないが，日本政府が東京大会を1つの重要な通過点として，多くの

社会的障壁の除去に取り組んだことがわかる。そのおかげで障害者が，買い物に，旅行に，スポーツ観戦にと外出することが増え，健常者にとっても障害者を街で見かける機会が多くなった。地域レベルや自治体主催の障害者スポーツ大会が各地で開催されるようにもなった。

　このような好ましい傾向が次回のフランス・パリ大会後も続いているだろうか。街中で健常者が，白杖を持った視覚障害者に対して「何かお手伝いしましょうか」と声をかける頻度は，特に大都市ではまだ少ないが，それもいずれは「日常の見慣れた光景」となって欲しい。

　本書の執筆中に，札幌市が冬季オリンピック・パラリンピックの誘致活動を中止したというニュースが流れた。理由はおそらく誘致や開催にかかる高額の費用，金銭的スキャンダル，談合疑惑等であろう。日本国民に「オリンピック・パラリンピックは汚い」という偏見が形成されたのではないか。もし，そうだとしたら，共生社会の実現が逆に遠のくことになってしまう。フェアであることがスポーツの神髄だとしたら，スポーツ全体の価値を貶めることにもなりかねない。

　渡辺（2019）は，「障害者スポーツ」という名称はなくなるべきだと主張している。つまり，スポーツは誰がやってもスポーツであって，いつの日かオリンピックとパラリンピックが統合されて同時期に開催され，同一種目で競合することが理想であるという。この見解を筆者なりに解釈すると，障害者にしかできないスポーツがあること自体が医学モデルに基づく差別であり，国際パラリンピック委員会が掲げる理念，すなわち「スポーツを通して共生社会（inclusive world）を実現させること」とは矛盾することになる。

　このように，パラリンピックやその開催には，まだまだ解決すべ

き多くの課題があることが理解されよう。だからこそ，それらの課題をはらむパラリンピックを例にして，真の共生社会とは何か，そして，それは誰がどのようにして実現できるのかを自分事として考えて欲しい。けがや病気，そして老化によって，遅かれ早かれ，いずれは誰もが障害者となるのだから。

引用・参考文献

北村英哉・唐沢穣（2018）『偏見や差別はなぜ起こる？──心理メカニズムの解明と現象の分析』ちとせプレス

栗田季佳（2015）『見えない偏見の科学──心に潜む障害者への偏見を可視化する』京都大学学術出版会

Kondo, S. et al.（2017）Premature deaths among individuals with severe mental illness after discharge from long-term hospitalization in Japan: a naturalistic observation during a 24-year period. *British Journal of Psychiatry Open* 3, pp.193-195. DOI: 10.1192/bjpo.bp.117.004937

厚生労働省（2023）「令和3年度都道府県・市町村における障害者虐待事例への対応状況等（調査結果）」https://www.mhlw.go.jp/stf/houdou/0000189859_00016.html

土屋耕治（2019）「〈よそ者〉を恐れる心」奥田太郎・篭橋一輝『南山大学社会倫理研究所・上智大学生命倫理研究所共催　公開シンポジウム2018　講演録　Stranger Ethics: 人は〈よそ者〉の何を恐れるのか？』

渡辺雅之（2019）「「障害者スポーツ」がなくなる日まで」李修京『多文化共生社会に生きる──グローバル時代に多様性・人権・教育』明石書店

我妻則明・伊藤明彦（2002）「知的障害児の肥満に関する研究の展望」『特殊教育学研究』39（4），pp.65-72.

索引

【編著者紹介】

久田満（ひさた・みつる）［はじめに・第7章・第8章（構成）・終章］
上智大学文学部心理学科卒業，慶應義塾大学大学院社会学研究科博士課程満期退学，東京大学医学部助手，東京女子医科大学看護学部助教授，同教授を経て，上智大学総合人間科学部心理学科教授。博士（医学）。2020年より上智大学多文化共生社会研究所所長を兼任。定年退職に伴い2023年より同研究所特任所長。主な共著書に『よくわかるコミュニティ心理学［第3版］』（ミネルヴァ書房，2017年），『コミュニティ心理学シリーズ① 心の健康教育』（金子書房，2021年），『コミュニティ心理学シリーズ② コンサルテーションとコラボレーション』（金子書房，2022年）などがある。

【執筆者紹介】

新藤こずえ（しんどう・こずえ）［第1章］
北海道大学大学院教育学研究科博士課程修了，博士（教育学）。現在，上智大学総合人間科学部社会福祉学科准教授。著書に，『知的障害者と自立』（生活書院，2013年），『現代アイヌの生活と地域住民』（共著，東信堂，2018），『シリーズ子どもの貧困④ 大人になる・社会をつくる』（共著，明石書店，2020年）などがある。

戸田美佳子（とだ・みかこ）［第2章］
上智大学総合グローバル学部准教授。専門は生態人類学，アフリカ地域研究，障害学。アフリカ中部のカメルーンやコンゴをフィールドに，直接観察を重要視してきた生態人類学の立場から，障害者に関する地域研究を実施。主著に『越境する障害者──アフリカ熱帯林に暮らす障害者の民族誌』（明石書店，2015年）などがある。

石川ふみよ（いしかわ・ふみよ）［第3章］
上智大学総合人間科学部教授。大学卒業後，看護師として約3年間病院に勤めた後，看護教員となる。実習先の救命救急センターで頭部外傷の患者さんを担当し，命を救ってからの長期的フォローの必要性を痛感し，大学院のリハビリテーションコースで学んだ。リハビリテーション的思考と視点をもった看護について追求している。

谷口広明（たにぐち・ひろあき）［第4章］
元全米障害者スポーツセンター（National Sports Center for the Disabled）パラアルペンスキーコーチ。2010年バンクーバー冬季パラリンピック大会において指導するアメリカ人選手並びにニュージーランド人選手がそれぞれ金メダルを獲得。元日本パラリンピック委員会強化委員，元 Virtus（国際知的障害者スポーツ連盟）理事。上智大学保健体育研究室講師を経て，旭川市立大学准教授。

子安昭子（こやす・あきこ）［第5章］
上智大学外国語学部教授。修士（国際学）。専門はブラジル現代政治・外交研究。主な業績は『現代ブラジル論──危機の実相と対応力』（共著，上智大学出版，2019年），『ブラジルの社会思想──人間性と共生の知を求めて』（共編著，現代企画室，2022年）。「ブラジルの多方位外交──国益重視と多極世界のビジョンで挑むルーラ大統領」『国際問題』No.714（2023年8月），pp.17-26。

倉田秀道（くらた・ひでみち）［第6章］
早稲田大学大学院スポーツ科学研究科修了。上智大学客員教授，上智大学多文化共生社会研究所招聘研究員。早稲田大学スキー部監督，公財日本オリンピック委員会強化委員等歴任。五輪・パラ選手の指導実績も豊富でスポーツマネジメント領域，コーチング領域の研究，共同執筆，講演多数。現在，あいおいニッセイ同和損害保険株式会社広報部特命部長。

パラリンピックと共生社会

2020 東京大会のレガシーとは何か

2024 年 3 月 30 日　初版第 1 刷発行

編著者	久田　満
発行者	大江道雅
発行所	株式会社　明石書店

〒101-0021 東京都千代田区外神田 6-9-5
電　話　03 (5818) 1171
FAX　03 (5818) 1174
振　替　00100-7-24505
https://www.akashi.co.jp

装丁	明石書店デザイン室
印刷・製本	モリモト印刷株式会社

シリーズ **子どもの貧困**

【全5巻】

松本伊智朗【シリーズ編集代表】

◎A5判／並製／◎各巻 2,500円

① **生まれ、育つ基盤**
子どもの貧困と家族・社会
松本伊智朗・湯澤直美 [編著]

② **遊び・育ち・経験** 子どもの世界を守る
小西祐馬・川田学 [編著]

③ **教える・学ぶ** 教育に何ができるか
佐々木宏・鳥山まどか [編著]

④ **大人になる・社会をつくる**
若者の貧困と学校・労働・家族
杉田真衣・谷口由希子 [編著]

⑤ **支える・つながる**
地域・自治体・国の役割と社会保障
山野良一・湯澤直美 [編著]

〈価格は本体価格です〉

越境する障害者

アフリカ熱帯林に暮らす障害者の民族誌

戸田美佳子 著

■A5判／上製／224頁　◎4000円

アフリカ社会の重層性を、カメルーン熱帯林の障害者の生活実態を調査することから解明しようとする新たな視点による試み。障害者が健常者とは異なる役割をもち、様々な社会的な境界を越えながら生活を営む姿を、フィールドワークを通じ生き生きと描き出す。

● 内容構成 ●

障害学は共生社会をつくれるか

人間解放を求める知的実践

堀正嗣著

◎4300円

共生の哲学

誰ひとり取り残さないケアコミュニティをめざして

朴光駿、村岡潔、若尾典子、武内一、鈴木勉編著

◎2800円

学習の環境

世界人権問題叢書⑱

イノベーティブな実践に向けて

OECD教育研究革新センター編著
立田慶裕監訳

◎4500円

特殊教育・インクルーシブ教育の社会学

サリー・トムリンソン著　古田弘子、伊藤駿監訳

◎4500円

盲ろう児コミュニケーション教育・支援ガイド

バーバラ・マイルズ、マリアンヌ・リジオ編著
岡本明、山下志保、亀井笑訳

◎3200円

聴覚障害児の学習と指導

発達と心理学的基礎

ハリー・クノールス、マーク・マーシャーク編
四日市章、鄭仁豪、澤隆史、ハリー・クノールス、マーク・マーシャーク著

◎3000円

地域に帰る　知的障害者と脱施設化

カナダにおける州立施設ランキルの閉鎖過程

ジョン・ロード、シェリル・ハーン著
鈴木良訳

◎2700円

学力・リテラシーを伸ばす　ろう・難聴児教育

エビデンスに基づいた教育実践

パトリシア・エリザベス・スペンサー、マーク・マーシャーク著
松下淑、坂本幸訳

◎3800円

〈価格は本体価格です〉